国家文化产业资金支持媒体融合重大项目

高等职业教育教学改革融合创新型教材 · 市场营销专业

品牌策划与推广

张荣　主编

Brand Planning and Promotion

东北财经大学出版社
Dongbei University of Finance & Economics Press
大连

图书在版编目（CIP）数据

品牌策划与推广 / 张荣主编．—大连：东北财经大学出版社，2025.9．—（高等职业教育教学改革融合创新型教材·市场营销专业）．—ISBN 978-7-5654-5796-8

Ⅰ.F273.2

中国国家版本馆CIP数据核字第2025T4J270号

品牌策划与推广

PINPAI CEHUA YU TUIGUANG

东北财经大学出版社出版

（大连市黑石礁尖山街217号　邮政编码　116025）

网　　址：http://www.dufep.cn

读者信箱：dufep@dufe.edu.cn

大连市东晟印刷有限公司印刷　　东北财经大学出版社发行

幅面尺寸：185mm×260mm　　字数：238千字　　印张：12.25

2025年9月第1版　　2025年9月第1次印刷

责任编辑：张晓鹏　徐　群　吴　奂　　责任校对：何　群

封面设计：原　皓　　版式设计：原　皓

书号：ISBN 978-7-5654-5796-8　　定价：42.00元

教学支持　售后服务　　联系电话：（0411）84710309

如有印装质量问题，请联系营销部：（0411）84710711

前言

本书是江苏省市场营销高水平专业群建设成果之一，也是“十四五”江苏省职业教育第二批在线精品课程“品牌管理实务”的配套教材。本书根据高等职业教育人才培养目标和高等职业院校对专业核心课程教学的基本要求，参照并融合了《品牌专业人员能力要求》团体标准的相关内容，在传统品牌教材的基础上重新整理编写而成。

党的十八大以来，我国品牌影响力稳步提升，对供需结构升级的推动、引领作用显著增强。党的二十大报告将高质量发展明确为全面建设社会主义现代化国家的首要任务，强调加快建设制造强国、质量强国，而品牌作为高质量发展的重要象征，其建设是推动“中国制造向中国创造转变、中国速度向中国质量转变、中国产品向中国品牌转变”的关键支撑。国家发展改革委等部门2022年发布的《关于新时代推进品牌建设的指导意见》强调，以深化供给侧结构性改革为主线，以满足人民日益增长的美好生活需要为根本目的，坚持质量第一、创新引领，开展中国品牌创建行动。这为企业的品牌建设指明了方向。

培养一批具有品牌创建、运营和管理能力以及国际视野的品牌建设专业人才，是加快我国品牌发展的重要支撑，助推中国品牌实现从OEM（原始设备制造商）到ODM（原始设计制造商）再到OBM（原始品牌制造商）的跃进。因此，本书依据品牌策划与推广流程，设置了品牌体验、品牌定位、品牌个性与品牌文化塑造、品牌元素设计、品牌战略制定、品牌推广、品牌危机应对和品牌策划八大项目共计22个具体任务，项目之间彼此紧密衔接。通过各项目的教学，强化学生对品牌创建、运营等工作流程的掌握。本书特点主要有：

（1）立足品牌工作流程，教学内容采用“项目-任务”模式编写，结构安排符合学生的认知规律，项目任务清晰且可操作性强，在做中学、在学中做，满足职业教育需求。

（2）精选大量企业品牌案例，图文并茂，生动形象，趣味性强，能够激发学生的阅读兴趣。

（3）配套中国大学MOOC在线课程，提供丰富的微课、动画、图片、线上测试等媒体资源，学生可通过扫码随时观看及测验，实现教材的数字化、信息化、立体化。

此外，本书还配有教学PPT、课后测试及参考答案等教学资源，选用本书的教师、学生可登录东北财经大学出版社“财济书院”（www.idufep.com）下载。

本书由江苏食品药品职业技术学院张荣负责整体构思、编写提纲并担任主编；江苏食品药品职业技术学院田晨、陶缘、杨路、李乐霞，江苏电子信息职业学院柳超，江苏京东信息技术有限公司校企合作副总经理颜士淞担任副主编。其具体编写分工如下：张荣负责项目一、项目五、项目八的编写；田晨负责项目二、项目三的编写；柳超负责项目四的编写；陶缘负责项目六的编写；杨路负责项目七的编写；李乐霞负责素养目标设计及思政案例整理；颜士淞负责企业案例的收集与整理。全书最后由张荣修改定稿。

本书在编写过程中，引入了大量企业的实际案例，并参考了大量的书籍、刊物以及网络资源，采用了诸多合规的图库图片，对上述文献资料的作者我们深表感谢并致以由衷的敬意。

由于作者水平有限，书中难免有不足之处，恳请读者不吝赐教！

张　荣

2025年6月

目　录

项目一　品牌体验

☞思维导图

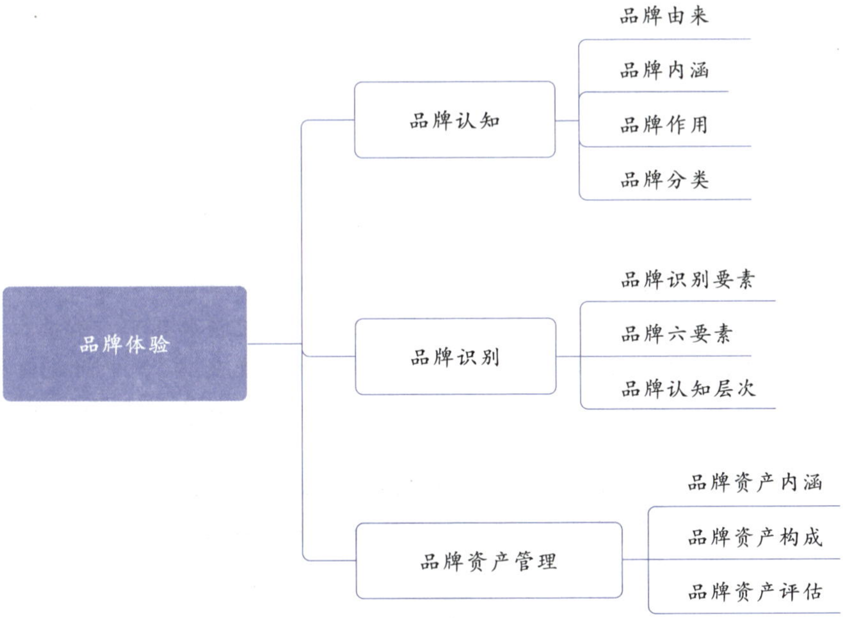

☞学习目标

□ 知识目标：

1. 了解品牌由来；
2. 掌握品牌内涵；
3. 掌握品牌作用。

□ 能力目标：

1. 能够从企业、消费者以及国家视角分析品牌的作用；
2. 能够利用品牌六要素对企业品牌进行分析。

☐ 素养目标：

1.增强品牌意识，讲好中国品牌故事；

2.树立中国品牌形象，提高中国品牌知名度。

☐ 任务分解：

任务一：品牌认知

任务二：品牌识别

任务三：品牌资产管理

引导案例

99 岁的五芳斋

品牌是企业乃至国家竞争力的重要体现，也是赢得世界市场的重要资源。习近平总书记提出“推动中国制造向中国创造转变、中国速度向中国质量转变、中国产品向中国品牌转变”的重要指示。

任务一　品牌认知

☞导入案例

现存的宋朝“济南刘家功夫针铺白兔商标”是目前我国已知的最早商标。印刷这一商标的铜板原是上海博物馆藏品，现陈列在北京历史博物馆中，铜板长 12.4 厘米、宽 13.2 厘米，近似方形。上端横写“济南刘家功夫针铺”，中间是白兔捣药图，左右两侧写“认门前白兔儿为记”，下方写“收买上等钢条，造功夫细针……”告白七行（如图 1-1 所示）。

图1-1　刘家功夫针铺白兔商标

资料来源　世界遗产委员会官网（https：//whc.unesco.org/en/list/85）.

这简单生动的文字和画面，表明了刘家针铺门前是以白兔为标记的，所造功夫细针采用上等钢材，坚固耐用，质地精良，在当时的社会上享有一定的信誉。

一、品牌由来

试想一下，一瓶没有可口可乐或百事可乐商标的可乐，消费者会如何反应？如果歌帝梵（Godiva）巧克力换成了其他名字还那么美味可口吗？普通的手机也能够拥有如同华为般的声誉吗？这或许就是品牌的魅力。

“品牌”最初来源于人们要标记自己家所饲养的家畜或自己的私产。例如，在英国的农村给牛马打上烙印（brand）的做法，农场主把这种做法称为branding。这些烙印起着标示财产权和所有权的作用，相当于郑重地宣称“此物有主，请勿乱动”。品牌的英文单词“brand”源自古挪威文brandr，意为“烧灼”。在中国古代，与品牌近似的术语有“招牌”等，用于区别“店铺”。这也表明品牌最原始的功能在于“印记”“识别”等。品牌的这一基本功能一直延续至今。

早在远古时期，工匠们就在墙上和器皿上做标记，以示自己的创作权。在法国南部的拉斯科洞穴的墙壁上，不但绘有野牛的图样，还绘有创作者的手印。这些岩画和手印可以追溯到大约1.5万年前（如图1-2所示）。进入奴隶社会和封建社会后，随着生产力的提高，商品交易日渐频繁，人们开始用文字或图形标记的形式来实现与其他产品或者制造商的区分，加深产品在顾客心目中的印象。

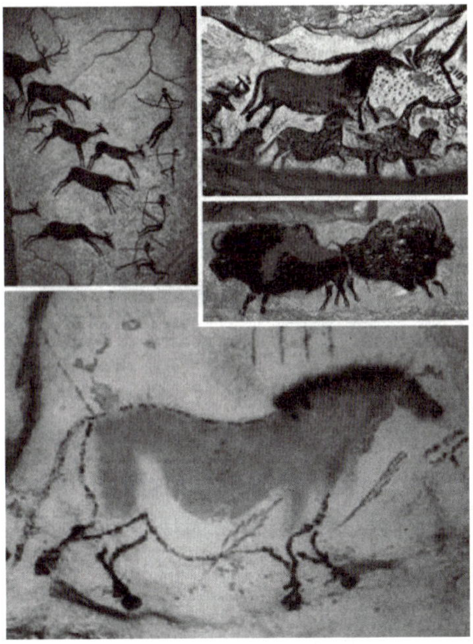

图1-2　岩画图

资料来源　世界遗产委员会官网（https：//whc.unesco.org/en/list/85）.

在我国先秦时期的典籍《礼记·月令》中就有“物勒工名，以考其诚，功有不当，必行其罪，以穷其情”的记载。也就是说，在生产的产品上刻上工匠或工场名字，目的是考察质量，如质量不好就要处罚和治罪。在我国最早发现的品牌雏形就是工匠在自己的作品上画押标记符号，监督其质量，以方便追责。例如，秦始皇兵马俑中的陶俑、陶马原先都是全彩绘制、活灵活现、神态各异的精品，其青铜兵器更是制作严谨、匠心卓然，形制、尺寸无不标准如一，每批陶俑、陶马、兵器上都刻印有工匠的名字。

在中世纪的欧洲，许多产品没有品牌，生产者和中间商把产品直接从桶、箱子等容器内取出来销售，无须供应商的任何辨认凭证。后来经过各个行会的努力，要求手工业者把商标加在其产品上，如陶工在陶坯底部印上象征产地的标记以强调产品的品质。这些就是“品牌”的雏形。

在美国，品牌的发展始于南北战争后，当时全国性的公司和全国性的广告媒体得到了发展，出现了众多品牌，部分品牌至今仍在使用，如李维斯、百事可乐等（如图1-3和图1-4所示）。

图1-3　李维斯商标

图1-4　百事可乐商标

随着品牌的识别与传播功能逐渐明晰，为保护品牌和促进良性竞争，西方一些国家先后制定了一系列的法律法规，用以保障商品生产者、销售者和消费者的相关权益，商标法应运而生。19世纪50年代，法国出现了世界上最早的有关商标的法律条文；随后，英国、美国、德国、日本相继颁布各自的商标法，如1266年的《面包商标法》在英国通过，它要求在面包上盖图章或刺戳标记以示生产商；1883

年的《保护工业产权巴黎公约》和1891年的《商标国际注册马德里协定》使商标制度步入国际化轨道。总之，商标制度在19世纪末20世纪初风行世界，品牌被赋予了严格意义上的法律属性。《中华人民共和国商标法》自1983年3月1日施行后，中国开始对"商标专用权"进行法律保护。

二、品牌内涵

20世纪50年代，品牌逐渐向更加专业化的方向发展，品牌的外延与内涵都有了不同程度的拓展。

作为首个提出品牌概念的人，世界著名广告大师大卫·奥格威认为："品牌是一种错综复杂的象征，它是品牌的属性、名称、包装、价格、历史、声誉、广告风格的无形组合，同时品牌也因消费者对其使用的印象及自身的经验而有所界定。"这是一个比较有代表性的定义，它较为完整地概括了品牌，但对消费者在品牌中所起的作用、所处的位置并没有明确的体现。

1960年，美国市场营销协会（American Marketing Association）认为："品牌是用以识别一个或一组产品或劳务的名称、术语、象征物、标志或设计及其组合，以和其他竞争者的产品或劳务相区别。"美国营销学家菲利普·科特勒认为："品牌是一个名字、称谓、符号、设计或上述的综合，其目的是要使自己的产品或服务有别于其他竞争力。"这些定义均强调了品牌的基本功能——识别与区分功能，而忽略了品牌的理念、文化、个性等内在因素。

20世纪90年代，美国西北大学教授唐·舒尔茨认为，品牌推广已由过去的"请消费者注意"变为"请注意消费者"。

品牌资产理论的创始人大卫·艾克认为："品牌是产品、符号、企业与消费者之间的联结和沟通，品牌是一个全方位的架构，牵扯消费者与品牌沟通的方方面面。品牌更多地被视为一种体验，即一种消费者可以亲身参与的、更深层次的关系，一种与消费者进行理性和感性互动的总和。"

中国最早研究品牌、广告与公共关系的学者之一的余明阳在综合了多种学说后，将品牌定义为："品牌是能给拥有者带来溢价、产生增值的一种无形资产，它的载体是用以和其他竞争者的产品或劳务相区分的名称、术语、象征、记号或设计及其组合，增值源泉来自在消费者心智中形成的关于其载体的印象。"

事实上，品牌作为一个复合的概念，其含义体现在以下方面：

（1）区别竞争对手是品牌的本质属性，品牌的内涵与形式都是为了区别于竞争对手和同类品牌而展开的。

（2）消费者是品牌战略实施的核心，品牌战略的实施都是基于消费者而展开的。

（3）品牌提供给消费者的不只有产品或服务等显性要素，还有品牌理念、品牌文化等隐形要素，这些隐形要素可有效帮助产品或服务增加附加值。

三、品牌作用

微课 1-1

品牌作用

品牌具有多方面的作用，不仅可以有效地帮助品牌持有者稳定或开拓市场疆域，促进品牌无形资产的增值，还可以帮助消费者快速辨识产品，降低购买风险。

（一）品牌对顾客的作用

1.识别作用

品牌所有者可以通过品牌识别设计向消费者传达品牌的相关信息，以个性鲜明的品牌特征实现与竞争对手的区别，帮助品牌所有者在各类信息构筑的洪流中凸显出来，提高消费者对品牌的认知度。

☞拓展案例1–1

在很久以前的美国，一位妈妈叫小孩去买冲泡用的速溶奶粉，小孩问：“妈妈，我要买什么牌子？”妈妈说：“你就去买包装上面写MILK（牛奶）的，就对了。”小孩觉得怪怪的，但还是跑去商店看一看，他眼睛一亮说道：“找到了，就是这个。”然后，抱着一罐上面写着KLIM（克宁）的速溶奶粉回家了，因为KLIM倒过来看就是MILK。

几百年来，品牌一直是不同生产者间产品区分的方式，我们可以想一想，速溶奶粉有十几种，怎么区分呢？所以品牌对生产者或消费者来说是一个重要的辨识标记。

2.承诺作用

品牌声誉是建立在长期的产品品质、功能、服务等基础之上的，代表了对顾客的承诺。因此，消费者一旦选择了某一品牌，品牌所有者与消费者之间就形成了一种契约，企业要履行对消费者的这种承诺。消费者一旦遇到产品或服务质量问题，可以追究品牌所有者的责任。这种承诺可以减少消费者的购买风险，包括功能风险、身体风险、财务风险、社交风险、心理风险和时间风险等。

3.象征作用

消费者在选择品牌时，是自我形象的一种映射。人们购买的不仅是商品本身，还是商品（对消费者而言）所代表的符号、象征或者意义。例如，有些消费者通过购买奢侈品，彰显自身“高贵”的身份，即通过拥有某种品牌商品来构建自己所期望或想要的理想形象。

（二）品牌对企业的作用

1.增值作用

品牌的宣传推广活动可以帮助企业引起消费者的注意和记忆，甚至产生认同感，进而促进产品的销售。品牌作为一种无形资产，可以提升产品或服务的附加价值，使企业获得相对较高的利润。随着品牌的成长，品牌价值也会得到提升，品牌可以作为商品进行买卖，这也是其具有增值功能的体现。

2.保护作用

品牌可以有效地保护品牌所有者的法律权益，防止他人对品牌名称、品牌标志等侵权。《中华人民共和国商标法》第五十八条明确规定："将他人注册商标、未注册的驰名商标作为企业名称中的字号使用，误导公众，构成不正当竞争行为的，依照《中华人民共和国反不正当竞争法》处理。"

拓展阅读 1-1

Interbrand《2022 年度全球最具价值品牌 100》案例

3.应对竞争作用

强势品牌通过突出其产品品质、服务或强调其内在个性，来塑造差别性的品牌形象，构筑起强而有力的竞争壁垒，有效阻击竞争者的攻击，固守企业的市场占有率。

（三）品牌对国家的作用

1.彰显国家经济实力

一般而言，一个国家或地区的经济越发达，或一个企业的经济实力越强，则其品牌的市场地位就越高。在2024年中国品牌日活动上，国产大飞机C919、国产大邮轮"爱达·魔都号"等大国重器展示硬核科技，大白兔、梅林、正广和等老字号品牌焕发新生机，彰显中国品牌更为强大的活力和自信。

2.国家形象的象征

品牌不仅与国民经济存在正相关的关系，还与一个国家的形象存在相互作用的关系。国家品牌与企业品牌之间相辅相成、互相联动。一方面，企业品牌是国家品牌的重要组成部分，一个国家的品牌形象会受到该国所有企业品牌形象长期共同作用的影响，一个国家在国际上的品牌声誉和品牌数量可以反映出该国的形象和经济实力；另一方面，良好的国家品牌形象会"反哺"企业，对企业品牌起到背书作用，同时企业的品牌形象也会不断地扶持、推动和强化该国的国际地位。

四、品牌分类

（一）按品牌归属划分

按品牌归属的不同，可将品牌分为制造商品牌和中间商品牌。

1.制造商品牌

制造商品牌是指由制造商推出，并且用自己的品牌标定产品进行销售。制造商是该品牌的所有者。通常完全采用自有品牌的制造商都是非常大型的财务甚佳和管理良好的企业。例如，华为和格力两家企业均拥有广泛的产品线、健全的配销系统和较高的市场占有率。

2.中间商品牌

中间商品牌是指批发商或零售商开发并使用的自有品牌。中间商通过营销自有品牌的商品，来加强控制目标市场，可以利用信誉、价格、柜台等优势，提升自有品牌的影响力，以获得市场份额。例如，沃尔玛推出了自有品牌的洗衣液，直接和最大供应商宝洁竞争。

（二）按品牌影响力的覆盖范围划分

按品牌影响力的覆盖范围，可将品牌分为地方品牌、民族及国家品牌、国际品牌和全球品牌。

1.地方品牌

地方品牌是指品牌的影响力和辐射力仅限于某一区域，被地方公众认知、认可的品牌，如南京桂花鸭、长沙臭豆腐等。这些地方品牌在区域市场拓展方面积极努力，使其影响力覆盖范围不断扩散，逐渐获得更大的市场份额。

2.民族及国家品牌

民族及国家品牌是指被本民族及国家的公众认可的品牌，市场占有率较高，品牌竞争优势显著，并获得国家相关政策扶持，消费者对其认知度、美誉度较高。获得中国驰名商标的品牌有茅台、华为等，其中不乏一些百年老字号品牌，如五芳斋、同仁堂等。

3.国际品牌

国际品牌是指被世界公众广泛认可的品牌，具有较高的国际影响力和知名度，在不同的市场领域占有较高的国际市场份额，如IBM、苹果、路易威登、香奈儿等。

拓展阅读 1-2

商务部等8部门《关于促进老字号创新发展的意见》

4.全球品牌

全球品牌比国际品牌的影响力更高，是在全球市场竞争中符合国际标准，在全球竞争中占有领先地位的跨国、跨区域品牌，具有较高的国际知名度和国际信誉度，具有强大的品牌竞争优势和品牌价值，如可口可乐、麦当劳、大众、微软等。

在品牌的发展过程中，某一品牌先成为地方品牌，再进一步向全国拓展，成为民族及国家品牌，接着按照国际市场竞争规则拓展国际市场，不断扩大国际市场份额，获得国际影响力，成为国际品牌，最后在此基础上达到全球品牌标准的要求，成为全球品牌。

（三）按品牌目标群体划分

按品牌目标群体的不同，可将品牌分为特殊人士专用品牌、大众品牌、高端品牌和定制品牌。

1.特殊人士专用品牌

面向特殊群体（如残障人士、孕妇等）提供特定产品或服务的品牌，具有较强的目标客户针对性，如十月妈咪（孕妇装）、章光101（头发护理）等。

2.大众品牌

面向普通大众的品牌，具有广泛的目标群体需求，一般消费者购买力能够承受，如康师傅、李宁、青岛啤酒等。

3.高档品牌

面向少数购买力较强、追求高品质消费群体的特定品牌，具有高定价、低产量的特征，如劳斯莱斯、香奈儿、劳力士等奢侈品牌。

4.定制品牌

为特殊目标群体提供定制式产品或服务的特殊品牌，并以目标受众的特殊需求为基础。定制品牌的品牌影响力仅限于小众圈层，如法国老牌高级定制品牌爱马仕、中国的高级定制品牌无用等。

（四）按品牌成长周期划分

产品及企业均有生命周期，普遍经历诞生—成长—发展—成熟—稳固—衰退—消亡的过程，但也有很多品牌经久不衰。按品牌的成长周期，可将品牌分为新品牌、发展品牌、成熟品牌、领导品牌、衰退或消失品牌、老字号品牌。品牌成长周期各阶段的特征，见表1-1。

表1-1　品牌成长周期各阶段的特征

品牌成长周期	特征
新品牌	诞生期或初创期的品牌，如钟薛高
发展品牌	市场发展期的品牌
成熟品牌	市场成熟期的品牌，具有竞争优势、品牌价值、品牌效应，如海尔、娃哈哈
领导品牌	市场成熟期的品牌，处于稳定发展期，占有领导地位，如可口可乐
衰退或消失品牌	市场衰退期的品牌，品牌老化，如波导手机、春兰空调
老字号品牌	有一定历史传承性，具有较高文化价值和历史价值，如北京同仁堂

（五）按品牌属性划分

按品牌属性的不同，可将品牌分为产品品牌、服务品牌、企业品牌、组织或机构品牌、个人品牌、事件品牌。

微课 1-2

老字号品牌发展现状

1.产品品牌

产品品牌是指为消费者提供产品生产—消费—流通—交易相关服务的品牌，如飞利浦、宜家等。

2.服务品牌

服务品牌是指提供各类有偿服务的品牌，如中国网通、Google等。

3.企业品牌

企业品牌是指以企业名称为品牌名称的品牌，如小米、格力等。

4.组织或机构品牌

组织或机构品牌是指非企业性组织的品牌，如清华大学、中国美术家协会等。

5.个人品牌

个人品牌是指以人作为品牌化的对象，如李宁、张小泉等。目前，常见的个人品牌主要有企业家品牌、名人品牌、明星品牌等。

6.事件品牌

事件品牌是指以事件为载体的品牌，如北京奥运会、上海世博会等。事件品牌的类型有体育赛事品牌、展会品牌、节庆品牌、演艺类品牌或民族、民间活动品牌等。

（六）按品牌市场地位划分

按品牌市场地位的不同，可将品牌分为领导者品牌、挑战者品牌、追随者品牌和补缺者品牌。

1.领导者品牌

领导者品牌是指在市场中具有很高的知名度、美誉度和忠诚度，市场占有率远远高于同类产品的品牌，如华为、茅台、伊利等。

2.挑战者品牌

挑战者品牌是指那些相对领导者品牌来说在行业中处于第二、第三或位次较低的市场地位，且具备主动挑战领导者的雄心与创新行动，谋求市场突破的品牌，如发展初期的蒙牛。

3.追随者品牌

追随者品牌是指紧跟领导者品牌、挑战者品牌之后的品牌，通常在市场中的占有率不高，品牌知名度相对较低，如金立等。

4.补缺者品牌

补缺者品牌是指针对利基市场而建立起来的品牌，该细分领域往往是领导者品牌所忽视的，如魅族等。

（七）按品牌所属行业划分

不同行业有不同的行业品牌，如烟草行业中的555、万宝路、希尔顿等；汽车行业中的奔驰、宝马、丰田、法拉利等；电脑行业中的微软、惠普、东芝、联想、明基等；手机行业中的苹果、华为、小米等；运动行业中的耐克、李宁、安踏等。

（八）按品牌发源地划分

按品牌发源地的不同，可将品牌分为国外品牌、合资品牌和国内自主品牌。

1.国外品牌

国外品牌是指隶属于国外企业的独立品牌。

2.合资品牌

合资品牌是指有外资背景，且在国内设立合资公司，拥有生产销售网络的品牌。

3.国内自主品牌

国内自主品牌是指国内企业自主开发的、隶属于国内企业的品牌。

任务二　品牌识别

☞导入案例

瑞幸咖啡——“三高”优势打造产品的顶级价值

高品质：瑞幸咖啡使用高品质的阿拉比卡咖啡豆——从180多种混合配方中挑选出来，高度符合消费者的口味。

高技术：瑞幸咖啡的每批咖啡豆都经过来自波兰、意大利、日本、澳大利亚和中国的WBC冠军团队的仔细测试和混合。

高设备：瑞幸咖啡的部分门店使用来自瑞士的最先进的SCHAERER咖啡机。采用国际先进的技术和设备来烘焙和研磨高品质咖啡豆，真正实现新鲜烘焙和新鲜研磨。

一、品牌识别要素

品牌识别（brand identity）是品牌的身份证，提供品牌的愿景、价值、目的与意义。因此，品牌识别是品牌独特的品牌联想，从而区别于竞争者，如组织成员对顾客的承诺，与顾客间建立关系，并给予功能、情感与自我表现的利益（丁瑞华，2013）。

【拓展阅读1–3】

使命、愿景、价值观

品牌使命：说明企业存在对于社会的意义，如华为的使命是把数字世界带入每个人每个家庭、每个组织，致力于通过技术创新推动全球数字化进程。

品牌愿景：说明企业未来要达成的阶段性目标，如华为的愿景是构建万物互联的智能世界。

品牌价值观：说明企业应遵守的准则，如华为的核心价值观体系形成于长期实践，包括四大支柱：以客户为中心、以奋斗为本、长期艰苦奋斗和坚持自我批判。

品牌识别通常包括产品层面（如品类、属性、质量/价值、使用场景、使用者联想等）、企业层面（如企业组织、经营理念等）、人格化感知（如品牌个性、品牌形象、社会关系等）和符号系统（如视觉表达、品牌故事等）四个维度。虽然品牌识别有不同的维度，但是四个维度都有一个共同的目的，就是帮助品牌所有者更完整地顾及品牌的不同层面，让品牌识别显得更清晰、更丰富、更与众不同。品牌识别的来源，见表1-2。

表1-2 品牌识别的来源

来源	说明
（1）品牌是产品	品牌价值根植于产品
品牌与产品类别结合	提到哈根达斯（Häagen-dazs）时，会想到冰激淋
品牌与产品属性结合	7-Eleven提供更加方便的服务
品牌与高品质（高价值感）结合	星巴克“高品质咖啡”的品牌识别
品牌与产品用途结合	运动后补充体力时，会想到“红牛”
品牌与产品使用者结合	慧俪轻体（WW International）以减肥人士为对象
品牌与生产地结合	香奈儿来自法国
（2）品牌是企业	苹果将电脑变成友善的使用者，反映了创始者的价值
（3）品牌是人	戴尔（Dell）让顾客觉得，它是一个能够帮助顾客完成困难任务的好帮手
（4）品牌是符号	想到耐克就想到“勾勾”，想到阿迪达斯就想到“三线”
（5）品牌是个性	万宝路代表有男子气概的、粗犷的
（6）品牌是文化	可口可乐、麦当劳、IBM代表美国文化
（7）品牌是关系	圣罗兰（YSL）传达爱的关系
（8）品牌是反射	年轻人开宝马（BMW），中年人开奔驰
（9）品牌是自我形象	通过购买路易威登来体现自己的社会地位
（10）品牌是政策阶段	将品牌与社会、伦理、环境等紧密联系，如美体小铺提倡的“再生概念”

其实，不是每一个品牌都需要用到所有的维度，有些品牌可能只需要使用一两个维度，就可以使得品牌识别更加清晰、丰富。虽然如此，品牌所有者在决定采用任何一个维度前，都必须全面深入地分析这些维度对品牌识别的建立所带来的影响。

林恩·阿普绍在《塑造品牌特征——市场竞争中通向成功的策略》一书中构建了品牌核心与品牌识别关系互动图（如图1-5所示）。

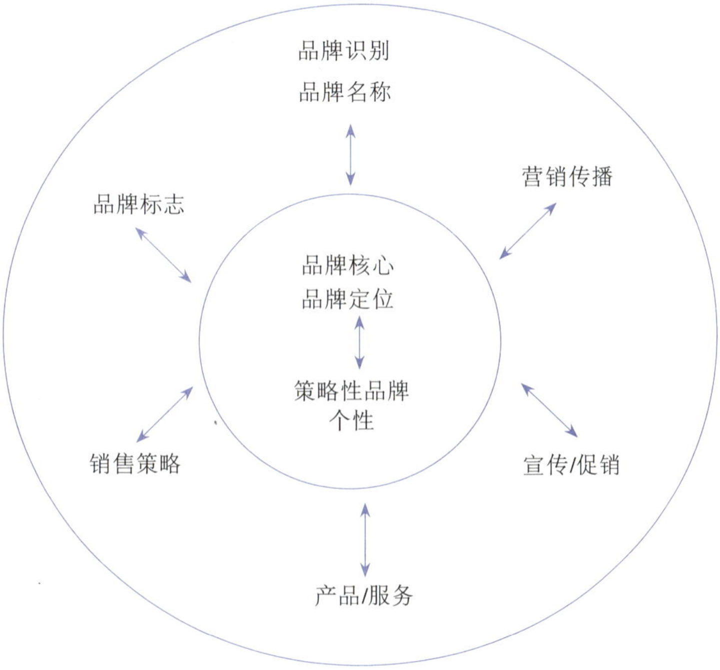

图1-5　品牌核心与品牌识别关系互动图

其中，名称与标志是识别的门面，品牌定位与个性是品牌识别的核心。为了有效传达品牌定位与个性，一系列的推广策略必不可少。正是因为品牌定位与个性在背后的推动，才会令消费者对这些品牌趋之若鹜，从而创造出稳固的品牌识别。

二、品牌六要素

菲利普·科特勒在《营销管理：分析、计划、执行和控制》一书中描述，一个完整的品牌应该具备六个要素：一是属性，即品牌给人们留下的某种印象；二是利益，即使用该品牌带来的满足；三是价值，即该品牌的实用价值和价值量；四是文化，即附加和象征该品牌的文化；五是个性，即品牌给人们带来联想和心理定势的特点；六是使用者，即品牌能体现购买使用该产品的是哪一类消费者。这六要素的核心是品牌的价值、文化和个性。

以奔驰为例，分别说明这六要素（见表1-3）。

表1-3 奔驰品牌六要素

要素	描述
属性	意味着昂贵、做工精湛、马力强大、高贵等
利益	让顾客感受到自己被尊重
价值	代表着高效、安全、声望等
文化	代表着德国文化——高度组织化、高效率、高品质
个性	能够让人联想到一位严谨的老板、一头雄狮子或一座壮阔的建筑物
使用者	代表着高收入群体

三、品牌认知层次

顾客对品牌认知有三个层次：认识、认知和认同（如图1-6所示）。

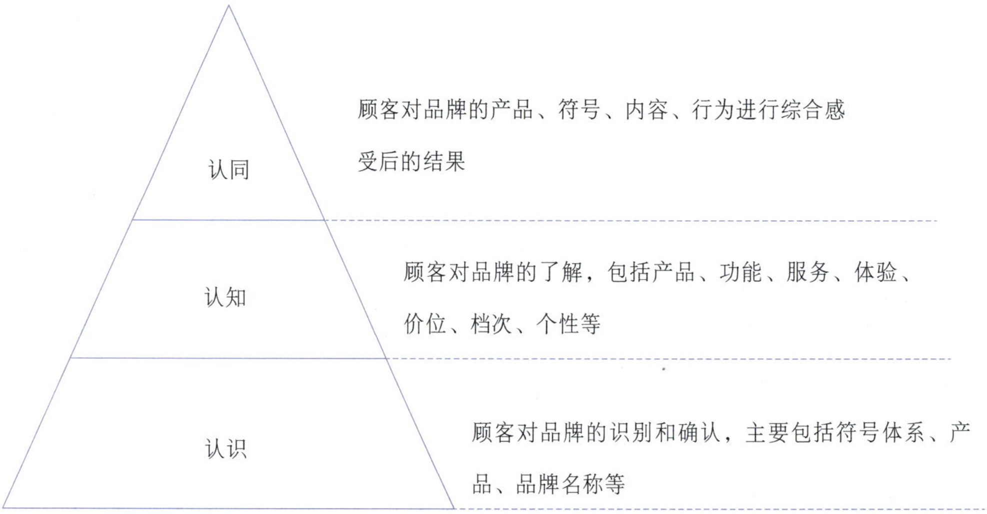

图1-6 顾客对品牌认知的三个层次

第一层次是认识：

认识，即顾客能够快速确认企业的品牌。例如，附近有一家奶茶店，当顾客看到戏剧脸谱时，就知道这是“霸王茶姬”。

品牌所有者设计一个独有的花纹或者自己的品牌颜色和名称，都是为了顾客能够快速识别和找到这个品牌的产品。有些顾客还会以使用和热爱同一个品牌为荣，这就需要品牌能够被快速识别，从而划分不同的群体。比如，吉普就有自己的粉丝群，他们常常组队去越野和探险，吉普的粉丝也互相认同和分享各自的经验。一件带有吉普标志的衣服，可能就是他们的圈子标志。所以，品牌设计的最初功能是为了区分不同品牌。

第二层次是认知：

所谓认知，就是了解。顾客第一次见到一个品牌，记住了品牌名和品牌符号，但顾客并不了解这个品牌。该品牌的产品设计得好不好、质量是不是稳定、企业实力如何、售后服务如何、技术实力强不强、对顾客讲不讲信用、未来怎么发展、有什么独特的个性等，这些顾客都不知道。通过该品牌的广告、行为和宣传活动，顾客会慢慢了解这个品牌。顾客对一个品牌的了解，需要通过内容、行为和时间来获得。

第三层次是认同：

顾客认识了一个品牌，并了解了这个品牌，就会对这个品牌产生一个印象，所以顾客对品牌的认同是一个结果。顾客对品牌的认同感越强，越容易购买这个品牌的产品，进而成为这个品牌的粉丝，并更多地向别人推荐这个品牌。当品牌出现问题时，顾客也会更容易原谅这个品牌。顾客的认同不是设计出来的，而是顾客基于对品牌的长期了解和使用而产生的一个结果。

【拓展阅读1-4】

了不起的品牌有11个特征

1.建立与遵守一套做事的指导原则（核心价值）。

2.孕育了鼓舞与激励员工独特的品牌文化。

3.持续让顾客开心，会有高营收及高净收益的结果。

4.制定卓越的绩效标准，并一致性地提供。

5.持续且与时俱进的创新。

6.建立让其他人想与之联结的社群。

7.唤起且强化正面情绪，使人们感觉良好。

8.经由正面及难忘的经验，建立员工及顾客的忠诚度。

9.以创意与诚实的方法表达强烈观点，使世界更美好。

10.对正当行为加以鼓舞，来影响他人。

11.回馈社区以及支持与陪伴第一位面临生活挑战的伙伴。

任务三　品牌资产管理

☞导入案例

《中国500最具价值品牌》排行榜

2023年6月15日，由世界品牌实验室（World Brand Lab）主办的“世界品牌大会”发布了《中国500最具价值品牌》排行榜（见表1-4）。在这个基于财务数据、品牌强度和消费者行为分析而获得的中国品牌国家队阵容中，国家电网以6 268.71亿元的品牌价值荣登本年度最具价值品牌榜首。占据榜单前五名的还有中国工商银行、海尔集团、中国石油和中国人寿，这些品牌已迈进世界级品牌阵营。

表1-4 《中国500最具价值品牌》排行榜（前十名）

排名	品牌名称	品牌拥有机构	品牌价值（亿元）	主营行业
1	国家电网	国家电网有限公司	6 268.71	能源
2	中国工商银行	中国工商银行股份有限公司	5 516.92	金融
3	海尔	海尔集团公司	5 123.06	物联网生态
4	中国石油	中国石油天然气集团有限公司	4 877.52	石油化工
5	中国人寿	中国人寿保险（集团）公司	4 855.67	金融
6	腾讯	腾讯控股有限公司	4 653.83	信息技术
7	中化	中国中化控股有限责任公司	4 421.45	化工
8	华润	华润（集团）有限公司	4 408.56	多元化
9	中国一汽	中国第一汽车集团公司	4 291.57	汽车
10	中国平安	中国平安保险（集团）股份有限公司	4 145.61	金融

资料来源 世界品牌实验室（http://www.worldbrandlab.com/）.

一、品牌资产内涵

品牌资产（brand equity）是20世纪80年代在营销研究和实践领域出现的一个重要概念。对于品牌资产的概念，学界也没有统一的定论，主流的理解有以下三种：

（一）基于财务的品牌资产概念

从财务角度来说，品牌资产是为了方便计算企业的无形资产，以便向企业投资者或股东提交财务报表，在企业的并购、合资等诸项商业活动中提供企业资产价格的具体依据。因此，品牌资产本质上是一种无形资产，一个强势品牌本身就被视为具有巨大价值的可交易资产。

（二）基于市场的品牌资产概念

一个强势的品牌应该具有强劲的品牌力，在市场上是可以迅速成长的。因此，品牌资产应体现在品牌自身的成长与扩张能力上，如品牌的延伸能力。与基于财务角度的概念相比，该概念从品牌的短期利益转移到了品牌的长远发展潜力，并开始深入研究品牌与消费者之间的关系，第一次将品牌资产与消费者态度、品牌忠诚度、消费者行为等指标联系起来。

（三）基于消费者的品牌资产概念

绝大部分学者都是从消费者角度来定义品牌资产的。他们认为，如果品牌得不到消费者认可，那么品牌也就失去了存在的意义。因此，品牌资产是消费者对品牌的这种溢价能力的主观判断，一个品牌的价值取决于消费者对该品牌的主观感受，即品牌价值也会因消费主体的感受不同而存在差异。

关于品牌资产概念，学者们各有侧重。本书采用大卫·艾克关于品牌资产的定义：品牌资产是指一组与一个品牌的名字及符号等相关的资产和负债，它能增加或减少某一产品或服务所带给该企业或顾客的价值。其中，“带给企业的价值”是指财务收益，而“带给顾客的价值”是指顾客利益。这一定义既突出了品牌资产对企业的财务利益，又指出了品牌资产与消费者所获得的价值相关。

二、品牌资产构成

1991年，大卫·艾克在前人的基础上，提炼出品牌资产的“五星”模型，认为品牌资产是由品牌知名度、品质认知、品牌联想、品牌忠诚度和其他品牌资产五部分组成的，如图1-7所示。

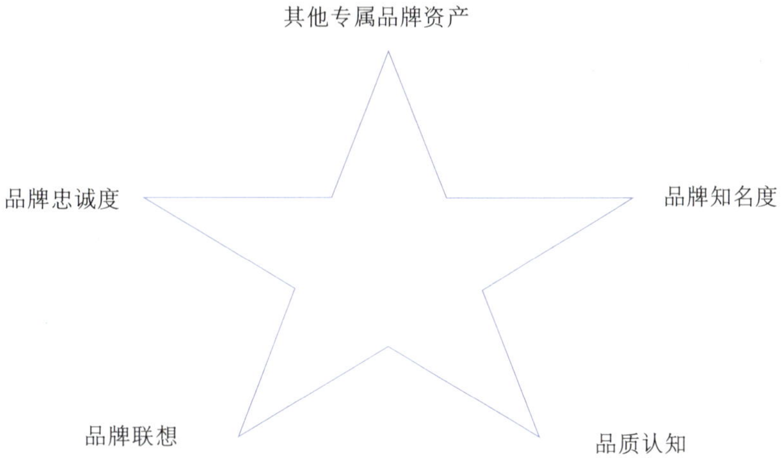

图1-7　品牌资产“五星”模型

（一）品牌知名度

品牌知名度是指品牌被公众知晓、了解的程度。它表明品牌被多少消费者知晓。

一般将品牌知名度分为无知名度、提示知名度、未提示知名度和第一提及知名度四个层级，如图1-8所示。

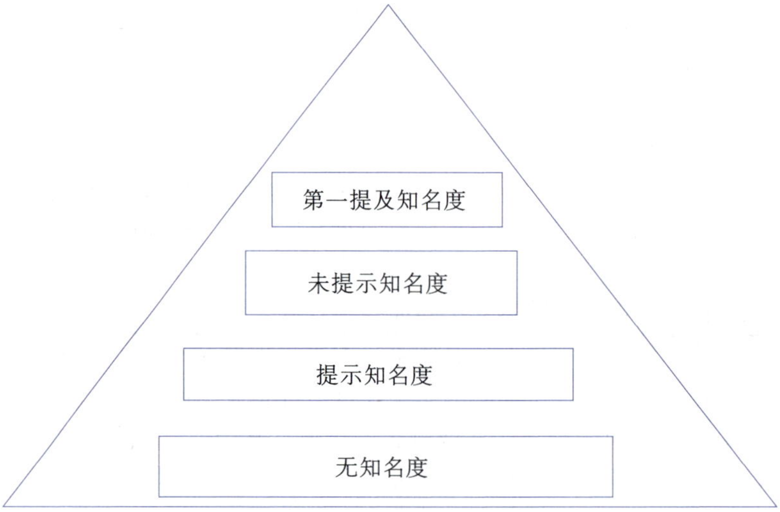

图1-8 品牌知名度的层级

1.无知名度

无知名度是指消费者对品牌没有任何印象，其原因可能是消费者从未接触过该品牌，或者该品牌没有自身的显著特色，难以让消费者留下深刻印象。

2.提示知名度

提示知名度是指在经过提示或暗示后，消费者可想起某品牌，并说出自己曾经听说过的品牌。

3.未提示知名度

未提示知名度是指在不需要任何提示的情况下，当提到某一品类时，消费者就能说出某品牌。

4.第一提及知名度

第一提及知名度是指在没有任何提示的情况下，当提到某一品类时，消费者能够想到的第一个品牌。比如，当提到手机时，消费者第一个想到的是华为，因此华为就具有第一提及知名度。

（二）品牌忠诚度

品牌忠诚度是品牌资产的核心部分，是用来衡量消费者是否偏好特定品牌而拒绝购买其他替代品的程度，反映出消费者购买同一企业、品牌及产品品项的可能性。

品牌忠诚度的建立和维持，并非一蹴而就，建立品牌只是一个开始，还必须持续地了解消费者、品牌与公司之间的各种关系变化，积极运用价格、促销、售后服务和客户关系管理系统等，来持续有效地维系顾客关系并赢得品牌忠诚度。例如，苹果能够成功地培养品牌忠诚度，在于它坚持多项清晰的品牌理念。更重要的是，它能够兑现承诺而不让顾客失望。

图1-9为品牌忠诚度金字塔。品牌忠诚度的五个层级，从低到高依次为无品牌购买者、习惯购买者、满意购买者、情感购买者和承诺购买者。这五个层级反映了消费者对品牌从漠不关心到深度依赖的不同态度和行为表现。

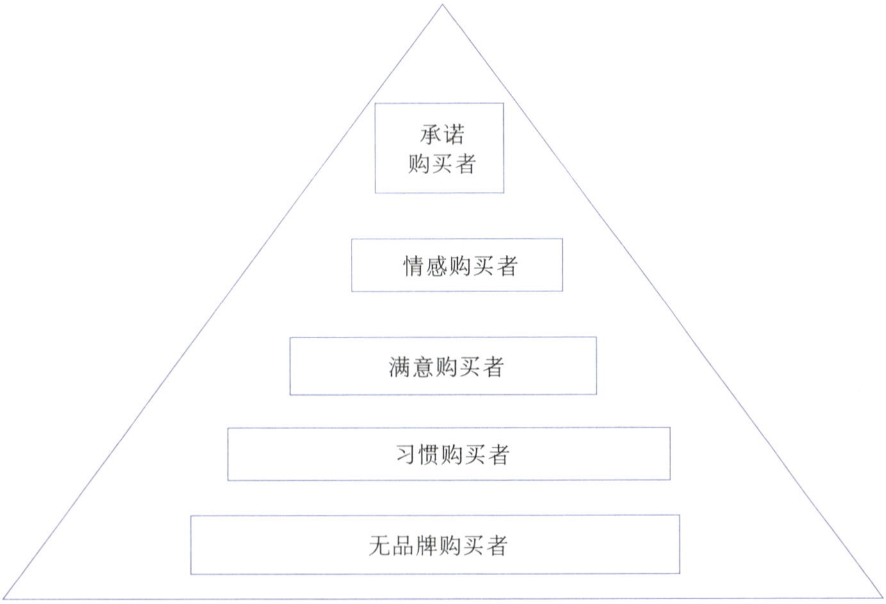

图1-9　品牌忠诚度金字塔

1.无品牌购买者

这一层级的消费者对品牌漠不关心，他们的购买决策主要基于价格、功能、便捷性等非品牌因素。他们可能随时更换品牌，对任何品牌都没有特别的偏好或忠诚度。这类消费者对价格敏感，品牌对其购买决策影响不大。

2.习惯购买者

这一层级的消费者基于习惯来购买某种品牌的产品。他们处于一种可以购买该品牌产品，也可以购买其他品牌产品的摇摆状态。这类消费者有一定的品牌购买习惯，但忠诚度不高，容易因外部因素（如促销、降价等）而改变购买决策。

3.满意购买者

这一层级的消费者对某一品牌已经相当满意，形成了品牌忠诚度。他们不太倾向于转而选择其他品牌，因为更换品牌可能带来时间和适应性等方面的转换成本。这类消费者对品牌有较高的满意度和忠诚度，转换品牌的可能性较低。

4.情感购买者

这一层级的消费者对品牌有一种由衷的赞赏和深厚的感情。他们与品牌之间建立了情感联结，对待品牌像朋友或亲人一样。这类消费者对品牌有深厚的情感依赖，不仅购买产品，还享受品牌带来的情感体验。

5.承诺购买者

这一层级是品牌忠诚度的至高境界。消费者不仅积极购买某品牌产品，还以能购买该品牌产品为骄傲，甚至会积极向其他人推荐该品牌。他们对品牌的忠诚度极高，几乎不会考虑其他品牌。这类消费者对品牌有极强的忠诚度和认同感，愿意为品牌付出更多努力（如口碑传播），并以此为荣。

品牌忠诚度的五个层级从低到高分别代表了消费者对品牌的不同态度和行为表现。品牌所有者应根据不同层级的消费者特点制定相应的营销策略，以提高品牌忠诚度。

（三）品质认知

品质认知是指消费者对产品或服务的适应性和其他功能特性适合其使用目的的主观理解或整体反应，是消费者对产品客观品质的主观认知，它是以客观品质为基础，但又不同于产品的客观品质。消费者对品质的认知是在对功能、特点、可信赖度、耐用度、服务度、高品质外观等方面进行综合评价的基础上形成的。品质认知对品牌资产的价值体现在提供购买理由、产生溢价、提高渠道谈判能力、提高品牌延伸力四个方面。

【扩展阅读1–5】

霸王茶姬品牌数据解读

2017年，霸王茶姬诞生于茶叶之乡云南，作为新中式国风茶饮品牌，霸王茶姬以原叶鲜奶茶为主打，覆盖纯茶、鲜果茶及周边相关衍生产品等，招牌产品“伯牙绝弦”平均每年卖出1亿多杯。

目前，霸王茶姬陆续在北京、上海、浙江、广东、四川、江苏、福建、安徽、江西、西藏、内蒙古、吉林等地区落地，同时在马来西亚、泰国和新加坡等国家开设门店100+，全球门店已突破4 000+。霸王茶姬基础指标解读，见表1–5。

表1–5 霸王茶姬基础指标解读

品牌	知名度	认知度	美誉度	忠诚度	品牌信息量估值
霸王茶姬	56.37%	36.84%	18.55%	17.41%	28.88亿比特

注：数据采集时间为2023年11月。

霸王茶姬的品牌信息量估值为28.88亿比特，属于全国性的超大规模品牌，意味着该品牌的目标消费者与其他消费者认知程度无差异，该品牌对全国所有地区的影响力平均且很大。

霸王茶姬的品牌知名度为56.37%，表现为半数以上消费者对品牌非常熟悉，不仅对其认知程度深，而且能够辨识标识，可以大致描述品牌内涵或产品风格。该品牌产生了明显的消费者区隔，具有对消费者选择偏好的影响力，其性质为有用的竞争工具，在竞争中发挥明显作用。

霸王茶姬的品牌认知度为36.84%，认知度与知名度的比值大于二者的理想值0.5，意味着该品牌的传播效果比较充分，消费者认知基础良好。

霸王茶姬的品牌美誉度为18.55%，意味着消费者的口碑作用开始凸显出来，消费者的偏好越来越明显，消费者之间的传播也越来越多。这个阶段很容易发生品牌自传播骤增现象。

霸王茶姬的品牌忠诚度为17.41%，意味着品牌拥有一定数量的忠实消费者，消费者有重复购买产品的意愿，品牌黏性高。霸王茶姬的美誉度和忠诚度极为接近，说明品牌口碑实现了向产品销售的充分转化，对品牌抱有好感的消费者大多成为了忠实的购买者，进行了多次重复购买行为。

霸王茶姬的品牌基础指标结构良好，是一个处于发展加速期的新中式茶饮品牌，随着门店数量的逐渐增加，可以预见霸王茶姬的品牌影响力将进一步扩大。目前，茶饮市场上品牌众多，竞争十分激烈，霸王茶姬仍需坚守“清爽低负担，控糖更健康”的初心，向健康茶饮迈出实质步伐，为消费者提供健康低糖的现制饮品。霸王茶姬品牌信息的稳定性分析，见表1-6。

表1-6 霸王茶姬品牌信息的稳定性分析

品牌	N（E）函数值	品牌衰减系数	品牌信息的衰减速率	品牌稳定性指数
霸王茶姬	10.78213616	0.094268	0.067524	6.7524

霸王茶姬的品牌稳定性为6.7524，属于一般稳定性水平，是大多数具有一定影响力的品牌应该达到的稳定性水平。结合基础指标可知，霸王茶姬目前处于品牌成熟期的早期阶段，该品牌已经打响知名度，且拥有一定数量的忠实消费者，发展前景良好。

资料来源 佚名.茶饮品牌数据解读：霸王茶姬［EB/OL］.［2024-04-09］. https://mp.weixin.qq.com/s/JmhE4pNEczl_QB7U6AUNuA.

（四）品牌联想

品牌联想是指消费者在接触到某一品牌时被勾起的所有印象、联想和意义的总和。例如，提到奔驰，人们就想到三交叉标志，还想到了尊贵、稳重、耐用、科技等概念，甚至只要提到高级汽车，就会想到奔驰。又如，麦当劳在消费者心目中的联结就是金色拱门、麦当劳叔叔等，这些形象传递出欢乐、干净、快速、儿童等信息，只要提到快餐汉堡，就会联想到麦当劳。品牌联想可分为品牌属性、品牌利益和品牌态度三个层次。

1.品牌属性

品牌属性是指对于产品或服务特色的联想。品牌属性可分为与产品有关的属性和与产品无关的属性。与产品有关的属性包括产品的物理组成和服务要求；与产品无关的属性包括品牌名称、产品价格、原产地等，虽不直接影响产品的性能，但会影响消费者的购买行为。

2.品牌利益

品牌利益是指产品特性给消费者带来的满足，是特殊的消费者价值。品牌利益可分为功能性品牌利益、经验性品牌利益和象征性品牌利益三种。

功能性品牌利益是指产品的内在特性，通常与较低水平的需求联结。例如，顾客喝了矿泉水之后，解决了口渴的生理需要。

经验性品牌利益联结产品特性，是有关使用产品后的感觉。例如，顾客在玩了过山车之后，会感觉到非常刺激。

象征性品牌利益是有关消费者的自我概念，联结高水平需求，是消费者使用后所获得的外在利益（如社会认同、自尊需求、身份地位等）。例如，顾客开上劳斯莱斯之后，所感受到的身份的尊贵。

3.品牌态度

品牌态度是指消费者对产品服务信念的总体评价。品牌态度直接影响消费者对品牌的选择，它通常建立在品牌属性联想和品牌利益联想上。

通常，强势品牌是与消费者建立稳定、强势、正面、独特的品牌联想，并建立基于消费者的品牌资产。例如，米其林的安全，英特尔的相容，万宝路的西部牛仔形象，迪士尼的有趣、神奇与欢乐，耐克的创新及顶尖运动功能等。

【扩展阅读1–6】

品牌联想的类型

可将品牌联想归纳为以下类型：

1.产品属性：产品是属于简单型，还是属于耐用型？例如，宝马车的卓越性能。

2.产品等级：产品是高等级，还是一般级或者低等级？例如，歌帝梵巧克力是比利时皇家御用品牌。

3.消费者利益：产品有哪些方面符合消费者的利益？产品利益有哪些？情感利益有哪些？例如，洗发水可使头发亮丽、柔顺。

4.相对价格：产品价格是属于高价位，还是属于低价位？例如，雷克萨斯的高端定价。

5.使用对象：产品使用的对象是女性，还是男性？或者是给30岁以上的成熟女性使用？例如，奔驰的使用者通常是富有的成功人士。

6.使用方式：产品是直接使用，还是组合使用或者加热后使用？不同的使用方式会产生品牌上的联想。

7.生活方式：产品是适用于忙碌生活的，还是适用于休闲生活的？

（五）其他专属品牌资产

其他专属品牌资产是为了完整性而设置的，通常重要性不强（Aaker，1992）。然而，一个品牌背后的专有资产（如专利、注册商标以及与渠道业者的关系等）对品牌资产有很大的影响，因为这些专有资产可以有效地防止竞争者侵蚀公司的核心顾客（Aaker，1991）。为求品牌资产来源的完整性，必须将其他专属品牌资产列入。例如，英特尔的CPU具有多项专利与注册商标，不仅能够避免竞争者的直接对抗，还能够以补助营销费用的方式要求电脑厂商贴上Intel Inside标签。

三、品牌资产评估

微课 1-3

品牌资产评估

依据品牌资产概念，构建品牌资产评估方法的基本要素：一是财务要素，如成本、溢价、附加现金流等；二是市场要素，如市场占有率、市场业绩、竞争力、股市价值等；三是消费者要素，如品牌知名度、品质认知、品牌忠诚度等。品牌资产评估方法的分类（见表1-7）。

表1-7　品牌资产评估方法的分类

基本要素	评估方法的特点	代表性方法
财务要素	品牌资产是企业无形资产的一部分，是会计学意义的概念	成本法、股票价格法
财务要素+市场要素	品牌资产是品牌未来收益的折现，因此对传统的财务方法进行调整，加入市场要素	Interbrand法、Financial World法
财务要素+消费者要素	品牌资产是相对于同类无品牌资产或竞争者品牌而言的，是消费者愿意为某一品牌所支付的额外费用	溢价法、品牌价格抵补模型（BPTO）
消费者要素+市场要素	品牌资产与消费者的关系程度，主要着眼于品牌资产的运行机制和真正驱动因素	品牌资产十要素综合分析法

【项目总结】

该项目主要让学生了解品牌的产生与发展，品牌的内涵、作用及分类，使学生能够掌握品牌识别的内涵、品牌认知的三个层次，并能够理解品牌六要素对于品牌识别的重要作用。品牌资产可以从财务、市场、消费者的角度来衡量，也可以运用多种计算方法来衡量，但是隐藏在数字背后的资产，才是品牌价值产生的源泉。因此，如何提升品牌价值？追本溯源，产品才是根本。

【品牌识别实训】

【训练目标】

运用品牌六要素，为企业品牌创造个性化识别。

【任务要求】

1. 团队合作，每组有一个负责人。
2. 产品选择，精选老字号品牌。
3. 内容分析，围绕六要素进行分析。
4. 交流汇报，展示小组成果。

【任务呈现】

以小组为单位提交Word作品。

要素	描述
属性	
利益	
价值	
文化	
个性	
使用者	

【自我检测】

自我检测答案

1. 单项选择题

（1）品牌属于整体产品概念层次中的（　　）。

A. 核心层　　B. 形式层

C. 外延层　　D. 以上都是

（2）红牛让我们想到能量，这是将品牌与（　　）相联结。

A. 产品质量　　B. 产品类别

C. 产品使用者　　D. 产品用途

（3）（　　）是品牌最基础的功能。

A. 走向世界　　B. 区分产品　　C. 提升形象　　D. 提高价格

（4）19世纪初期，（　　）出现了世界上最早的有关商标的法律条文。

A. 美国　　B. 德国　　C. 中国　　D. 法国

（5）按品牌归属，屈臣氏饮用水属于（　　）。

A.制造商品牌　　B.中间商品牌

C.定制品牌　　D.大众品牌

2.多项选择题

（1）品牌资产由（　　）构成。

A.品牌联想　　B.品牌认知　　C.品牌知名度

D.品牌忠诚度　　E.其他专属品牌资产

（2）按品牌的成长周期，可将品牌分为（　　）。

A.新品牌　　B.上升品牌　　C.领导品牌　　D.衰退品牌

（3）品牌对企业的作用包括（　　）。

A.象征功能　　B.区分功能　　C.降低企业成本

D.塑造企业形象　　E.减少购买风险

（4）品牌的功能主要包括（　　）。

A.识别功能　　B.增值功能　　C.保护功能　　D.保证品质

（5）品牌六要素包括（　　）。

A.属性　　B.利益　　C.价值

D.使用者　　E.文化　　F.个性

3.判断题

（1）品牌资产是一种具有增值性的有形资产。（　　）

（2）品牌对社会毫无价值，仅对企业有价值。（　　）

（3）品牌不仅是企业开拓市场、战胜对手的有利武器，还是国家综合实力和整个民族财富的标志。（　　）

（4）驰名商标必须经权威机构予以确认，但无须向社会公众进行公告。（　　）

（5）产品是品牌赖以存在的基础，产品是品牌的载体。（　　）

项目二　品牌定位

☞思维导图

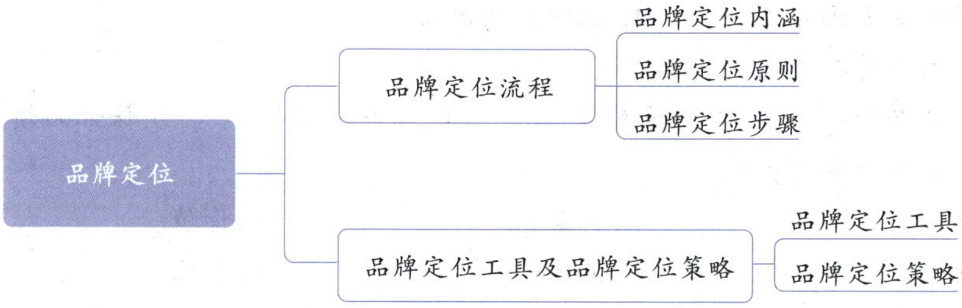

☞学习目标

□ 知识目标：

1. 掌握品牌定位策略；

2. 掌握品牌定位工具。

□ 能力目标：

能够为企业进行品牌定位。

□ 素养目标：

具有良好的道德准则和正确的价值观，品牌如人，人如品牌，有“德”有“品”，方能立足。

□ 任务分解：

任务一：品牌定位流程

任务二：品牌定位工具及定位策略

引导案例

企业道德和社会责任定位

定位理论一经面世，就吸引了大批的追随者，为产品品牌塑造鲜明的、独特的个性形象，占领顾客心智，让品牌在顾客心目中打下深刻的烙印，是企业获得持续竞争力的源泉。

任务一　品牌定位流程

☞导入案例

Nike Free利益定位

Nike Free系列的产品承诺给消费者带来像光脚奔跑一样的感觉，鞋子穿起来就好像没有穿一样，通过更少的束缚使足部肌肉获得更多的力量。按照这一最终利益要求来调整鞋子的各种特性。例如，将鞋带设计在鞋子的一边，以减少鞋面对脚背产生的压力，而鞋底边缘的明显凹槽模仿了脚部的自然运动方式。设计过程中参照了各种不同程度的"光脚奔跑"的模型，以确保消费者获得最舒适的体验。

资料来源　作者根据网络相关资料整理.

一、品牌定位内涵

1969年6月，杰克·特劳特在美国营销杂志《工业营销》上发表了一篇题为《定位：同质化时代的竞争之道》的文章，首次提出定位这一概念，引起了极大的反响。1981年，他出版了第一部论述定位的专著《定位》，并首次将定位策略上升为系统的定位理论。

所谓定位，指的是市场中一个公司、一种产品或服务所享有的相对于该市场中的其他公司、产品或服务的位置。这是按照产品或服务所针对的目标消费群以及在为该目标顾客群所创造和提供的差异化优势或独特性来定义的。

品牌定位是包含在定位概念中的一个子概念。在现代社会，只有品牌定位明确，才能够易于识别，产品或服务在市场中才有竞争力。

品牌定位指的是一个品牌在顾客的头脑中所形成的具体而确切的含义。更确切地说，一个品牌的定位应该能够清楚地表达顾客通过使用该品牌所要达到的目标，并能清楚地解释相对于其他达到该目标的手段来说，为什么该品牌是最佳的。简言之，品牌定位就是找到自己的强项，并努力地运用它，使得人们能够留下深刻的印象。

微课 2-1

品牌定位的由来及定位方法

二、品牌定位原则

实施品牌定位通常要依据以下四个原则：

1.契合产品及其所属行业的特点原则

产品是品牌的载体，品牌定位必须反映产品及产品所属行业的特点，从大的方向界定品牌的类别属性。例如，联邦快递作为快递公司，色彩识别需要非常醒目，它的这组设计，从字体的橙色和紫色的搭配，能够体现出速度、科技与创新的感觉（如图 2-1 所示）。

图2-1　联邦快递品牌标志

2.“锚定”顾客心智原则

定位的关键在于占领顾客“心智”，因此一定要在充分了解消费者心智的基础上，寻找突破口，谋求在消费者心智中的一席之地。

【拓展阅读 2-1】

2023 年呈现的十大消费趋势分别是理智随兴、氛围怡情、懒系健康、精微极质、纯粹主义、国潮新境、绿色风尚、信任复利、农品新潮、虚实共振。

趋势一：理智随兴。当消费者不像过去那么容易被鼓动，在审慎消费与兴趣消费双线并行的趋势下，产品需要思考如何给消费者生活带去新的惊喜和意义，同时，需要用更加朴实细腻的内容与消费者进行沟通，才能触达心灵。

趋势二：氛围怡情。氛围构成了生活体验的基底，消费者始终在特定的氛围中生活、感知、思考和行动，由于氛围具有空间性，且有情感作为其主导因素，因此氛围创造也是一种创造审美价值和新消费趣味的营销策略。

趋势三：懒系健康。消费者快节奏的生活方式和对自我的关注，健康滋养的方式不能过于复杂、场景更要融入生活，最好能在“开袋即食”“日常吃喝”中收获健康，这为医药大健康和快消品企业带来了巨大的创新空间。

趋势四：精微极质。品牌通过精细聚焦到不同人群，挖掘人群痛点，配以精密入微产品定位，以满足功能的极致让用户感受完美的产品体验。同时，硬核的制造科技也必不可少。精微极质的产品创新时代已经到来。

趋势五：纯粹主义。健康的消费、味蕾的满足、舒适的体验，都驱动着产品的创新与升级。提供消费者不需要掌握科学知识，也能放心选择的产品，才是优秀企业的标准。

趋势六：国潮新境。国潮就是品质国货和现代生活的融合，从模仿到创新，从平替国际品牌到成为消费者首选，国潮发展的下一阶段是美学的升级、技术的领先和文化的超越。

趋势七：绿色风尚。绿色之美，相融共生，从推广绿色消费理念，到打造绿色供应链和生产链，生产绿色环保产品，再到寻找绿色增长引擎，都将成为企业实现可持续发展的路径之一。

趋势八：信任复利。有了信任，品牌与消费者的关系才会更牢固、更持久，在信息爆炸的时代，传递信息容易，建立信任难，甚至信任有时坚如磐石，有时脆弱如冰，唯有持之以恒，真诚积累，才能让品牌力加固，形成更强的护城河。

趋势九：农品新潮。新农品，需要塑造新农潮，把农产品当作快消品展开新思考，才能摆脱同质化竞争的恶循环。主动拥抱消费市场，抓住新消费需求，推进生产、加工、流通、销售各环节的全链路市场聚焦和品牌合力打造，产品快消化、品牌差异化、营销出圈化、形象新潮化，才能走出区域，实现价值升维。

趋势十：虚实共振。元宇宙产业未来需要向更多的应用场景拓展，加速与各行各业的融合，从“听起来很美”“看上去很酷”转向“用起来很好，脱实向虚，虚实共振才是元宇宙为行业和消费者带来价值的关键。

资料来源　佚名.万字必读！2023中国10大消费趋势｜重磅发布［EB/OL］.［2023-01-13］. https://baijiahao.baidu.com/s?id=1754905005322741815&wfr=spider&for=pc.有删减.

3.差异化、个性化原则

品牌定位的目的之一是为了寻求与众不同的品牌个性，因此一定要与竞争品牌形成显著差异，从而能够在消费者心智中占据独特的价值位置。例如，泸溪河秉承匠人精神打造新中式糕点，弘扬传统糕点文化，满足消费者对传统糕点的喜爱和需求。

☞拓展案例2-1

小米SU7定位为“C级高性能生态科技轿车”，融合科技和生态，以高性能为基因。目标用户是喜欢先进科技、有品位、热爱生活的时代精英。小米SU7的内饰配备了触控大屏、HUD、翻转仪表屏等，并提供了系统智能融合功能（如图2-2所示）。

华为智界S7定位为“纯电动中大型轿车”，塑造智能、高性能的品牌形象（如图2-3所示）。目标用户对科技、智能化产品感兴趣，愿意尝试新技术；对汽车的性能、配置和驾驶体验有较高要求；具有较强的环保意识，对新能源汽车持积极态度，愿意为环保事业作出贡献。

图2-2 小米SU7宣传海报

图2-3 华为智界S7宣传海报

资料来源 作者根据网络相关资料整理.

4.动态调整原则

品牌定位不是一成不变的，而是随着环境、市场以及消费者的需求进行适度的调整和更新，以确保品牌自身活力。例如，六个核桃原来只是作为年节礼品饮料以及女士、儿童饮用的常规核桃饮料，后来重新定位为健脑益智核桃乳品类，成功从植物蛋白饮品中脱颖而出。

【拓展阅读2-2】

强势定位7步骤

林恩·阿普绍（2000）在其《建立品牌识别》一书中列出了推动强势定位的7步骤：

（1）标示品牌范围（即了解品牌提供了什么样的好处给购买者）。

（2）认同消费者的自我识别和生活实况。

（3）坚守以顾客和事实为基础而建立的产品优点。

（4）建立令人信服的定位支援（即强化品牌提出的保证或优点）。

（5）将品牌个性具象化（即品牌个性流露出更浓厚的感性与人情味）。

（6）挑选适当的定位方案。

（7）保持坚定的信念。

三、品牌定位步骤

品牌定位是建立品牌与目标顾客的密切关系，把品牌置于消费者心智中的活动过程。

第一步：品牌总体定位

通过解析企业或品牌现状、产品优势和卖点、行业数据报告、数据软件和市场调研等，分析市场环境、竞争对手情况，结合产品优势进行品牌的成长分析，提出品牌的运营策略及实施细节。

第二步：细分市场定位

根据所经营的商品进行产品类目定位，通过对上述数据的分析梳理，找出空白细分市场，针对品牌故事、品牌调性、品牌Logo等信息进行设计。

第三步：客户群体定位

依据对细分市场人群的分析，找出精准的目标客户群体，有针对性地制定产品规格、包装方式、产品销售渠道、价格等，以适应目标客户的兴趣偏好。

第四步：价格定位

对现有市场相关的类目产品进行行情分析，先划分价格区间，分析不同区间竞争对手的定价策略，再结合自身产品成本（如产品端成本、运营成本、人员成本、平台固定成本等）与卖点进行阶梯定价。

第五步：产品结构定位

分析现有不同价格区间的产品市场份额，分析自有产品和现有主流价格区间的产品特征，瞄准市场需求，制定不同的产品线系列及其对应的卖点，进而综合设计产品结构。

【拓展阅读2-3】

定位陈述模板

书写品牌定位陈述有多种方法，但是必须包括一些基本的要点，具体如图2-4所示。

某品牌 在 目标市场 （可能的情况下，可以用需求和欲望来描述你的目标消费群体。对于主导品牌，可以定得宽泛一些，而对于每个细分市场，则要定位得更明确） 优于 假定的竞争对手 （市场和行业中自己品牌最主要的竞争对手） 因为 战略竞争优势 （和其他品牌在满足需求方面相比，自己品牌特有的优势） 结果 关键主张 （可持续的竞争优势带给消费者的感性体验和理性受益）

图2-4　品牌定位陈述模板

资料来源　藤甫诺.高级品牌管理——实务与案例分析［M］. 牛国朋，译.2版.北京：清华大学出版社，2010.

任务二　品牌定位工具及品牌定位策略

☞导入案例

“轻烹”鲜食粥

黄小猪是一家2020年新成立的方便鲜食品牌，它从中式鲜食粥切入，融合现代化加工生产和专利锁鲜技术，为年轻消费者提供方便、健康、营养的“轻烹”鲜食。

传统粥品以家庭现煮为主，市面上也有方便速食粥产品。但相对于其他方便品类的“重口味”特点，鲜食粥在方便、解馋之外，代表着更加健康、营养，更高产品还原度，以及更符合大众日常场景的新选择。

锁鲜技术的运用，是黄小猪在鲜食粥产品上的核心突破点。黄小猪采用五维锁鲜技术，严选当季新鲜食材，粥品食材无香精、无添加剂、无防腐剂使用，并结合2年以上的科学实验配比，为每一道食材配方制定最佳新鲜配比，然后对食材进行分包装、分层封装，用品牌核心“超级锁鲜釜”技术对食材加以高温、高压蒸煮灭菌，采用3D全环绕式食器熟制，可以做到常温、160天短保的鲜美品质，消费者通过90秒微波炉加热或水浴加热方式，即可便捷地喝到一碗“鲜食粥”。

一、品牌定位工具

（一）品牌区隔图

品牌区隔图是一种直观、简洁的定位分析工具。一般利用平面二维坐标图对品牌识别、品牌认知等状况进行直观比较，以解决有关定位问题。

品牌区隔图的坐标轴代表消费者评价品牌的特征因子。图上各点则对应市场上的主品牌，它们在图中的位置代表消费者对其在各关键特征因子上表现的评价。酒类品牌区隔图如图2-5所示。

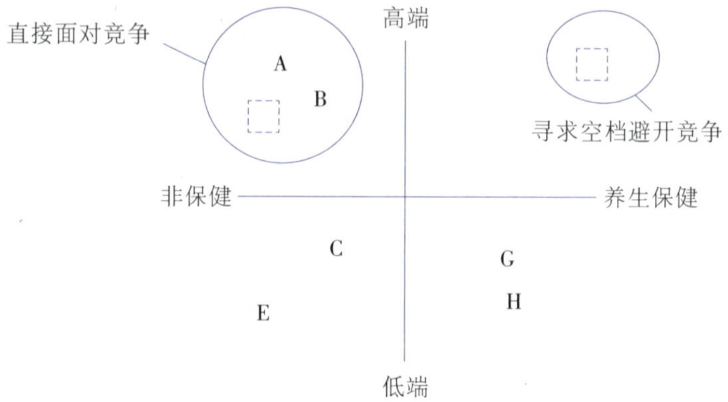

图2-5　酒类品牌区隔图

图2-5中各点的位置反映了顾客对酒类品牌档次和功效的评价。通过品牌区隔图，可以显示各品牌在消费者心目中的印象及彼此之间的差异，并在此基础上进行定位决策。

【拓展阅读2-4】

定位最常犯的错误是，选择两个优劣极端作为指标轴。最常见的例子是“高品质VS低品质”“高价VS低价”，如图2-6所示。选用两个极端指标定位其实是没有意义的。如果品牌用以上指标定位，请问低价及低品质的品牌D应如何制定品牌策略？所以品牌定位的意义是，在定位图上的任何位置都能吸引顾客。选择的指标应有能力决定不同品牌及其旗下不同产品在市场上的定位，并能够摊分足够让产品生存的顾客群，如图2-7所示。

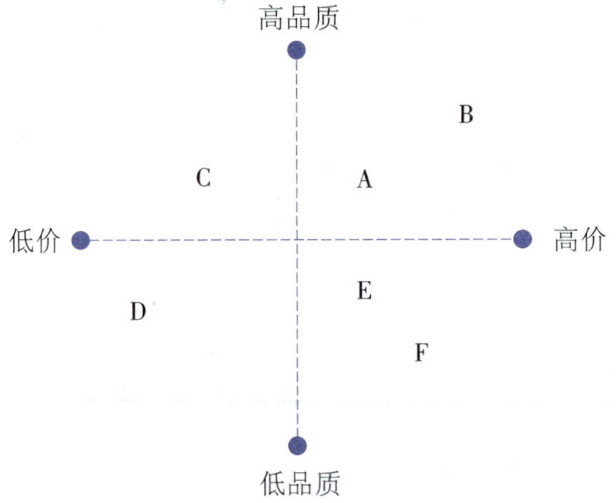

图2-6 极端指标定位

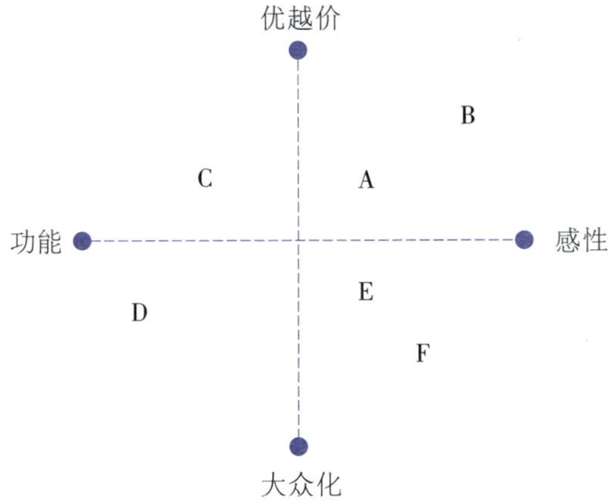

图2-7 实用指标定位

（二）因子排比图

在顾客的需求差异越来越大，产品同质性越来越高的今天，作为定位基础的特征因子也越来越多，这使得选择关键特征因子的难度越来越大。从双因素分析发展成为多因素分析，则可降低选择特征因子的难度，以便更全面地进行定位。

所谓因子排比图，就是将关键特征因子排列出来，在每一因子上分别比较各品牌的表现，并在此基础上进行定位，见表2-1。

在绘制因子排比图时，关键是对特征因子的选择。特征因子应是目标顾客认为重要的、能影响决策的要素。

二、品牌定位策略

企业可以采取不同的品牌定位策略，结合品牌的营销方式，使品牌信息更易于为消费者接受与识别。品牌定位的策略主要有：

表2-1　　因子排比图

重要性	高	品质	C　　B D　E　A
	↑	价格	C　　B　D　A　E
		价值	C B　　D　　E　　A
		组合	C　E　B　A　　D
	↓	技术	C　　B　　E　A D
	低	工艺	C　B　E　D　　　A
		服务	B　　C　　E　A　D

弱 ←——————→ 强

竞争品牌的强度

(一) 属性定位策略

微课 2-2

品牌定位工具

属性定位策略，是指以某些特性为基础，将公司品牌与竞争者品牌区别开来。例如，宝洁作为世界最大的日用消费品生产商和销售商，旗下拥有众多品牌。就洗发水而言，飘柔是头发柔顺专家、海飞丝是去头屑专家、潘婷则是头发营养专家，其品牌定位都是以产品特点为导向的，其品牌视觉的形象设计都围绕它的产品特点而展开。

(二) 利益定位策略

利益定位策略，是指依据产品能带给消费者的某项特殊利益来定位。当同类产品品牌太多、竞争激烈时，突出自身能为消费者带来哪些利益，可以避免定位策略的撞车。例如，宝马的“享受驾驶乐趣”、劳斯莱斯的“尊贵”、菲亚特的“精力充沛”、马自达的“可靠”、沃尔沃的“安全”等，都是通过不同的利益诉求，来凸显自身的独特优势。

☞拓展案例 2-2

Fast Fashion的快速销售策略得到空前成功，也让来自不同国家的Fast Fashion品牌全球扩充。以西班牙品牌Zara为例，Zara从产品设计、物料采购、生产制造、代厂加工、品质管理、包装运输到店铺上架，只需10~15天，高效的生产线和供应链造就了其“快”及“不断变款”，为消费者带来新鲜感，也让消费者买得更快、更多。

(三) 目标市场定位策略

目标市场定位策略，是指从更深的层次上把品牌与特定消费者的生活形态、生活方式等结合起来，赋予品牌与目标消费人群以十分相似的个性。

☞拓展案例2-3

以可口可乐的酷儿果汁饮料为例，酷儿的目标消费者是5～12岁的孩子，它用一个可爱的卡通形象作为自己的品牌形象代言。在日本市场，自动售货机上专卖的铝罐包装，2～3个月就更换一回；它的电视广告把故事情节设计成那种孩子看了就会不由自主地把自己想象成酷儿的状态。总之，酷儿的品牌形象很容易打动孩子的内心，它甚至成为孩子成长中的一部分。酷儿宣传海报如图2-8所示。

图2-8 酷儿宣传海报

（四）竞争者定位策略

竞争者定位策略，是指要凸显品牌与竞争者之间的差异性。我国著名广告人叶茂中认为，一旦选定了市场和竞争对手，就必须在思维上和竞争对手“反着走”，不是试图做得比竞争对手好，而是要区别于它。

☞拓展案例2-4

可口可乐和百事可乐在产品包装、广告、形象代言人的选择等方面有着明显的不同。百事可乐的品牌定位是“新一代的选择”，其品牌理念是“渴望无限”。为了推广这一理念，它选择足球、音乐作为品牌文化的载体，在广告中借助一大批明星作为品牌代言人，使“新一代的选择”这一品牌定位被人们尤其是青年人普遍理解和接受。可口可乐定位的目标消费者的范围要比百事可乐广泛，只是在近年来才出现广告策略趋于年轻人的倾向。可口可乐一向支持全球要事，它是支持奥运会历届筹委会的时间最长、规模最大的赞助商。最初，可口可乐凭借典型的美国风格和个性来打动消费者。1997年，可口可乐开始注重品牌定位的本土化。在我国，可口可乐品牌定位的本土化主要体现在以下方面：首先，在广告上与中国文化、中国传统节日进行结合，运用了大量的中国传统艺术语言和民俗活动符号；其次，借助北京申奥成功、中国入世等重大事件进行广告宣传，可口可乐仿佛成了中国的本土产品，确实达到了与中国消费者良好沟通的效果。可口可乐和百事可乐的宣传海报图分别如图2-9和图2-10所示。

图2-9　可口可乐奥运宣传海报图

图2-10　百事可乐宣传海报

资料来源　作者根据网络相关资料整理.

（五）情感定位策略

情感定位策略，是指赋予品牌以某种情感色彩，迎合消费者的消费心理，使品牌与消费者产生情感上的共鸣。例如，戴比尔斯以“A diamond is forever”成为采用情感定位策略的一个经典案例。而多芬的“You are more beautiful than you think”这一广告则通过对比的手法轻易描绘出女性自我肯定的不足，告诉每位女性要多爱自己、多肯定自己一些（如图2-11所示）。

图2-11　多芬广告中自我与他们印象的对比

【拓展阅读2-5】

马克·高贝（Marc Gobe）在《公民品牌：感性行销》一书中介绍了关于影响世界和大众情感生活的新潮流。

（1）族群的热情：一个能够认同归属的族群。

（2）甜蜜的家庭：没有地方比得上家。

（3）寻找童真：显露内心的童真。

（4）衡量现实：拜托别再用糖衣了。

（5）淳朴热情：小镇式的亲切与心灵的拥抱。

（6）醒悟：透过感官刺激追求心灵和谐。

☞拓展案例2-5

在目标群体的定位上，水晶之恋缩小目标市场，聚焦于年轻情侣，从品牌名即可看出，水晶之恋在品牌策略上则将喜之郎果冻布丁的“认知之道”进行了彻底的发挥。“水晶”代表着华丽与珍贵，“之恋”预示着美好的情感，这种把“果冻”比喻成“水晶般尊贵浪漫的恋情”的做法，显然没有涉及果冻作为一种食物所必备的味觉、口感以及对人体健康和营养的作用的层面，而是直接赋予果冻一种“水晶之恋”的欲望想象，将消费者情感认知显性化。选择“水晶之恋”作为果冻的名字，意味着其出发点是要把这一产品作为“情感食品”——吃水晶之恋，完全是一种心情的表达（如图2-12所示）。

图2-12　水晶之恋情感定位

（六）文化定位策略

文化定位策略，是指将文化内涵融入品牌，形成文化上的品牌差异，这种文化定位不仅可以提高品牌的品位，还可以使品牌形象更加具有特色。

☞拓展案例2-6

喜之郎消费人群的定位扩展到大众后，触动了不同年龄层次的消费者的认知机制，品牌诉求应针对作用于每一个时代的心理认知大众的文化心理积淀。“人同此心，心同此理”，基于文化心理积淀所形成的社会普遍认知是广告传播与大众消费者进行对话得以成为可能的前提。据此，喜之郎的品牌解决之道是，立足“亲情”这一中国人的基本心理认知进行诉求，即使社会和家庭结构发生了巨大的变化，亲情无价依然绵延五千年沉淀、扎根在国人心中。这是一种很传统的、包容面很宽的价值观，能为儒家文化大本营中不同年龄的人所接受，是一个足够涵盖中国人大众情感的诉求。

（七）档次定位策略

档次定位策略，是指按照品牌在消费者心目中的价值将品牌分为不同的档次。高档品牌的定位策略是走高端路线，以体现品牌拥有者的身价和地位；中低档品牌的定位策略则是塑造价廉物美的品牌形象。例如，依云矿泉水限量版的包装设计，无时不在彰显其高贵的身份（如图2-13所示）。

图2-13　依云矿泉水的限量版包装

☞拓展案例2-7

MINI晋升为上流社会、时尚代表

1959年，Mini在英国问世后，因为车型较小，受到女性车主的喜爱，尤其在“省油好开”的号召下，Mini更是畅销。在BMW接手Mini后，BMW设计师重新打

造Mini，赋予其全新外貌，可爱的车头与外形，使其具有了与硕大休旅车截然不同的吸引力。

新Mini不再是小型廉价车，而是成为高级车款，晋升为“上流社会、时尚代表”。新Mini还可以应车主要求量身打造车型，使欧美各国追求自我的车主，乐于下单排队，等上3个月才能交车。新Mini的敞篷车款更是受到了车主的喜爱，2004年首度推出就销售了30 000辆。未来，BMW计划将Mini打造成一个新品牌，让Mini浴火重生，拥有全世界更多忠诚车主的喜爱。

资料来源　作者根据宝马官网的相关资料整理而成.

（八）首席定位策略

首席定位策略，是指强调自己在同行业中的领先地位，使自己成为品类创新者或者同行业中的首席代表。例如，百威长久以来被誉为“啤酒之王”，它始终定位于“第一”，一再强调自己是“全世界最有名的高品质啤酒”，是处于“第一”位置的啤酒，在宣传中始终强调自己的“皇者风范”。百威的广告在表现上运用了扣人心弦的创意策略，即将百威啤酒融入于美洲或美国的气氛中，如辽阔的大地、沸腾的海洋或宽广的荒漠，使观众面对奇特的视觉效果，产生一种震撼感，令人留下深刻的印象（如图2-14所示）。

图2-14　百威啤酒的宣传海报

（九）比附定位策略

比附定位策略，是指通过攀附名牌来给自己的产品定位。比附定位的形式通常有甘居“第二”、攀龙附凤以及进入高级俱乐部。例如，蒙牛的“做内蒙古第二品牌”，宁城老窖的“塞外茅台”，美国克莱斯勒汽车的“自己是美国三大汽车公司之一”，这些都是比附定位策略的成功典范。

（十）场景定位

场景定位，是指将品牌与一定环境、场合下产品的使用情况联系起来，以唤起消费者在特定的情景下对该品牌的联想，从而产生购买欲望和购买行动。例如，亿滋旗下的“belVita焙朗早餐饼”就是瞄准了早餐场景。

（十一）品牌再定位策略

品牌再定位策略，是指对品牌重新定位，旨在摆脱困境、使品牌获得新的增长与活力。为使品牌不因环境变化、竞争激烈而被淘汰，产品需要重新定位，使老旧品牌重新焕发活力。再定位策略通常难以成功，原因在于某一产品或品牌的既有观念已根深蒂固。例如，凯马特商店和Aurora（老爷车）再定位为更高的品质，以吸引更年轻的顾客，但是结果是凯马特商店濒临破产，老爷车已停产。然而，万宝路、Swatch、王老吉等的成功典范，也表明正是由于大胆创新、重新定位，才使品牌再创辉煌。

【拓展阅读2-6】

Swatch不断创新铸辉煌

通过对消费者的心理和需求进行分析，Swatch从原来的只是报时的手表，重新定位为“时尚的、运动的、音乐的、艺术的，用激情去创造”的品牌。

首先，Swatch的买家都是时尚的拥趸，他们是个性、魅力和浪漫潮流的追求者。因此，Swatch为每一款新品手表赋予一个或浪漫或深沉的主题和概念，让消费者沉浸在Swatch所塑造出的品牌情感故事或概念潮流里，深深感动。例如，Swatch为文化概念表命名“光谱”“瞄准时间”“第四时间”等；为情感概念表命名“玫瑰”“禁果”“提醒我”“往日情怀”；为探索求知概念表命名“探险”“潜望镜”“碳元素”等。这些新颖、时尚、独具韵味的名字能够对目标消费者产生出极大的吸引力。

其次，由于商品寿命周期的缩短，Swatch总是不断推出新款以迎合消费者。为了保持自己对时尚的领导地位，Swatch在设计风格上求新求奇、大胆不羁，且从未停止过尝试新的构想。同时，Swatch还通过限量生产等营销手段，突出了产品的稀有性，使Swatch对那些不愿大众化的时尚宠儿更具吸引力。

当然，还有其他一些定位方式，企业要根据品牌的自身情况灵活运用。需要注意的是，一个品牌往往集几种定位策略于一身，各种定位策略之间通常会有交叉，这是多方位思考的结果。总之，品牌定位的关键不仅是要找准具有显著识别作用的差异化元素，还要紧扣消费者的心理。只有沿着消费者的心理曲线进行定位，才能起到良好的识别效果，有效地帮助品牌树立品牌形象。

【项目总结】

每一个品牌只有找到合适的定位，占领消费者的心智，才能增强品牌竞争力。该项目主要让学生了解品牌定位的内涵与原则，能够掌握品牌定位的步骤，并能够运用品牌定位工具为企业制定符合其需求的品牌策略。品牌定位工具主要有品牌区隔图、因子排比图。品牌定位的工具、方法、策略可以套用，但是定位本身一定要与企业自身资源相匹配，与竞争者相区别，与消费者的心智相吻合。

【品牌定位实训】

【训练目标】

运用品牌定位工具，提升品牌定位能力。

【任务要求】

1.团队合作，每组有一个负责人。

2.产品选择，以老字号品牌为分析对象。

3.定位分析，围绕定位五步骤和品牌区隔图开展实训。

4.交流汇报，展示小组成果。

【任务呈现】

以小组为单位提交Word/PPT作品，作品要绘制品牌区隔图，并明确品牌定位。

【任务评价】

评价指标	评价标准	分值	评估成绩	权重
品牌定位实训	1.按步骤开展品牌定位	25		70%
	2.绘制品牌区隔图	35		
	3.团队成员分配合理	10		
	4.按时完成	10		
	5.汇报得当	20		
教学过程	出勤、态度和热情	100		30%
小组综合得分				

【自我检测】

自我检测答案

1.单项选择题

（1）对美国营销影响最大的观念是（　　）。

A.USP理论　　B.品牌形象论

C.品牌定位论　　D.价值链理论

（2）强调自己在同行业中的领先地位，使自己成为品类创新者或者同行业中的首席代表，属于（　　）。

A.第一定位　　B.情景定位　　C.比附定位　　D.档次定位

（3）重新定位，是对销路少、市场反应差的产品进行（　　）定位。

A.避强　　B.对抗性　　C.竞争性　　D.二次

（4）“喝了娃哈哈，吃饭就是香”，是采用（　　）导向的定位类型。

A.消费者　　B.竞争　　C.产品属性　　D.政府

（5）戴比尔斯的“A diamond is forever”属于（　　）。

A.第一定位　　B.情感定位　　C.竞争者定位　　D.利益定位

2.多项选择题

(1) 下列属于比附定位的方式有（　　）。

A.甘居第二　　B.攀龙附凤

C.高级俱乐部策略　　D.首席定位

(2) 下列属于差异化定位关键维度的有（　　）。

A.产品功能差异化　　B.品牌形象差异化

C.价格体系差异化　　D.渠道布局差异化

(3) 下列属于情感定位的表现形式有（　　）。

A.强调“家庭温馨”关联　　B.传递“奋斗励志”价值观

C.突出“产品耐用性”优势　　D.营造“怀旧复古”氛围

(4) 下列属于市场空档定位的核心思路有（　　）。

A.寻找未被满足的市场需求　　B.避开与竞争对手的直接竞争

C.强调自身是行业领导者　　D.聚焦于被忽略的细分市场

(5) 下列属于市场补缺者定位特征的有（　　）。

A.聚焦细分小众市场　　B.避开与巨头直接竞争

C.追求全品类产品覆盖　　D.深度满足特定用户需求

3.判断题

(1) 因子排比图是将评价变量按其重要程度排列出来，在每个变量上分别比较各品牌的表现，并在此基础上确定品牌定位。（　　）

(2) 品牌区隔图的关键是要确定基准变量。（　　）

(3) 孔府家酒将自己定位为“家酒”，采用的是利益定位策略。（　　）

(4) 小糊涂仙的“方圆人生，难得糊涂”采用的是文化定位策略。（　　）

(5) 品牌定位不需要反映产品及产品所属行业的特点。（　　）

项目三　品牌个性与品牌文化塑造

☞思维导图

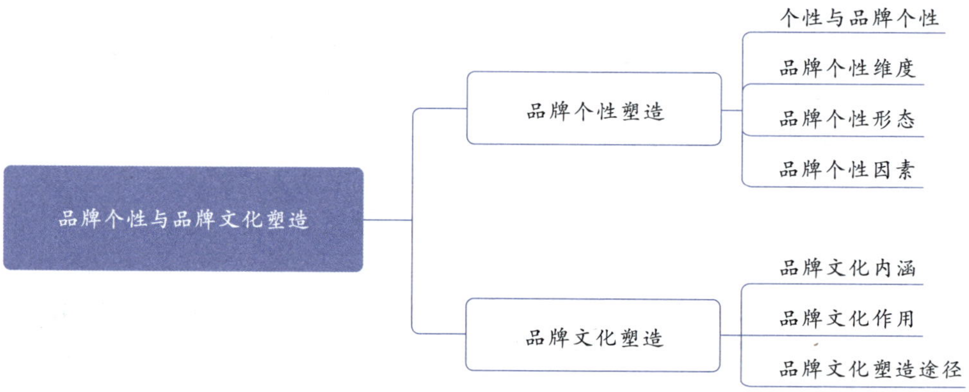

☞学习目标

□ 知识目标：

1. 掌握品牌个性塑造路径；
2. 掌握品牌文化的构成要素；
3. 掌握品牌文化塑造路径。

□ 能力目标：

1. 能够为企业进行品牌个性塑造；
2. 能够为企业进行品牌文化塑造。

□ 素养目标：

能够挖掘中华优秀传统文化基因，赋能中国品牌价值提升，增强文化自信。

□ 任务分解：

任务一：品牌个性塑造

任务二：品牌文化塑造

引导案例

张小泉新匠师

如何让顾客为品牌“魂萦梦绕”？关键是为品牌塑造与众不同、独具魅力的个性特征。而挖掘品牌背后的文化基因，则是品牌长盛不衰的重要法宝。因为品牌如人，有个性的品牌，才能散发出独特魅力；富有文化底蕴的品牌，才能历久常青。做品牌，不能急于一时，更不能只重视超级符号的打造，应该塑造品牌的核心价值，即灵魂DNA，通过品牌人格化，实现与消费者沟通的同向同行。

任务一　品牌个性塑造

☞导入案例

我们平时买坚果零食的时候，首先会想到谁？“三只松鼠”对不对，为什么呢？三只松鼠借助主人文化和三只可爱的松鼠，赋予品牌以卖萌、亲切和贴心的鲜明人格，让人倍感亲切。三只松鼠以主人和宠物之间的关系，替代了传统商家和消费者之间的关系，客服以松鼠宠物的口吻与顾客交流，顾客成了主人，客服成了宠物。由此品牌不再是高高在上的形象，而成为亲切、真实、极富感染力的人格。

独树一帜的品牌萌系人格形象，既迎合了新生代主流消费群的价值观，又赋予了品牌势能（即增强品牌的感染力和魅力），所以一经传播就实现了引爆效果。

品牌个性是品牌表现在外的综合性特质，是表露品牌定位性情的一张脸谱（阿普绍，2000）。品牌个性让品牌变得有生命，成为顾客或潜在购买者与品牌建立情感的基础，品牌表现的吸引力与情感联结令买卖双方的关系更加牢固。品牌个性可以突出品牌最独特的特点。在一些品牌定位较为单薄的产业里，品牌个性让品牌拓宽了新的战场，将品牌延伸至消费者的思维里。

【拓展阅读3–1】

个人化消费模式成主流

在过去的一个世纪，两次世界大战令全球经济疲软不堪，资本家发现以规模经营生产出来的产品能使利润达至最大化，且最能迎合广大消费者对价廉物美消费品的需求。20世纪50年代，美国福特汽车的规模化生产，使普罗大众也晋身为有车一族。从此批量生产的成品几乎取代昔日为客户个别定制的手工艺品。20世纪80年代，世界各地经济大多欣欣向荣，正当其时的“90后”青年，又在互联网科技的熏陶下接受教育，有较高的生活水平，有更多智能通信工具可供选择，他们因而不但懂得联合同辈极力争取消费者的最大权益，而且在消费需求上有更强烈的个人意愿。例如，社交活动要选择个人熟悉的社交网络平台，电子产品要能符合个人需求的设定，甚至连商品广告也要有贴心的选择。

资料来源　周博裕，李钧陶.未来经济新时代［M］. 台北：天窗出版社有限公司，2015.

一、个性与品牌个性

“个性”一词在心理学的概念里有“人格”的意思，主要包括三层含义：第一，个性是指人的个体之间导致差异的独特特征，又称个性特征；第二，个性是指一个人的稳定的性格特征，而不是那些一时的、情境性的、偶然的言行表现；第三，个性表现在个体对环境的行动与反应方式上，如在遇到突发状况时，有的人会挺身而出，有的人则会苟且退缩。

将人的个性概念移植到品牌上，就形成了品牌个性，如江小白打造了戴眼镜系围巾的年轻小伙子的卡通形象，将品牌拟人化，塑造了青春而简单的个性，引发了与年轻消费者的共鸣。

品牌个性，是指品牌所有者为品牌所设计的与特定使用者相匹配的具有鲜明识别性和认同性、个性化的特性。品牌个性通过各种有效的沟通手段植入到消费者的心智中，达到塑造品牌形象的目的。

二、品牌个性维度

（一）基于人格类型论的品牌个性维度

为什么有些品牌明明没有特别多的产品，但就是特别吸引你？这是因为打造品牌就像用基因塑造人类，不同品牌会吸引不同特质的人群，品牌给自己赋予的人格属性与其目标客户群体建立情感联结，就像是朋友一样，让用户忍不住关心并呵护这段关系，从而购买产品，这就是品牌人格的意义。品牌原型（brand archetypes）理论最早由美国学者玛格丽特·马克和卡罗·比尔森提出，他们认为，有生命力的长寿品牌是具有人格原型的，并提炼出了12种品牌人格原型，见表3-1。

微课 3-1

品牌人格模型

表3-1　12种品牌人格原型

人格特征	人格原型	人格释义	品牌代表
冒险征服	颠覆者	超越“创新”，以完全不同的视角思考问题，破旧立新	苹果
	英雄	行事果断，为了达成目标团结一致，奋勇作战	耐克
	魔法师	超出人们思维定式的冲击，刷新想象的上限	迪士尼

续表

人格特征	人格原型	人格释义	品牌代表
稳定控制	关怀者	想人之所想，并且给予慷慨的帮助	海底捞
	创造者	不会被框架设限，只要能想象到的就会使其成真	乐高
	统治者	行业中的领导者，代表着维护稳定或垄断	劳力士
认同归属	情人	与用户之间有强烈的感情羁绊，有着让人着迷的体验	香奈儿
	开心果	喜欢用跳脱常理的方式将复杂事情变得轻松	M&M's豆
	平凡人	拉近与大众的距离，平凡但独特，做自己	优衣库
自我实现	纯真者	向往善良和美好的事物，目的单纯且真诚，追求简单与快乐	麦当劳
	智者	传递知识、分享知识，帮助人们找到解决问题的正确途径	知乎
	探险家	不仅探索外部世界，还不断探索内心，寻找自我并实现进步	路虎

（二）基于人格特质论的品牌个性维度

1997年，美国著名学者珍妮弗·阿克尔在营销核心期刊《营销研究学报》上发表的论文《品牌个性的维度》（*Dimensions of Brand Personality*）中提出了五大品牌个性维度，分别是真诚（sincerity）、激情（excitement）、能力（competence）、精致（sophistication）和强韧（ruggedness）。这些品牌个性维度又可细分为15个不同的层面，并包括42个品牌个性特征，表3-2将对其进行不同层面的举例说明。

表3-2　**美国品牌个性维度量表**

个性维度	细分层面	内涵说明	品牌代表
真诚	纯朴的	纯朴的、以家庭为重的、小镇的	凯贝尔 贺曼 柯达
	诚实的	诚心的、真实的、真诚的	
	有益的	新颖的、有益的	
	愉悦的	感情的、友善的、愉悦的	
激情	大胆的	极时髦的、刺激的、勇敢的	保时捷 Absolute 贝纳通
	有朝气的	年轻的、精力充沛的、酷的	
	富有想象力的	独特的、富有想象力的	
	最新的	独立的、现代的、最新的	

续表

个性维度	细分层面	内涵说明	品牌代表
能力	可信赖的	勤奋的、安全的、可信赖的	美国运通 CNN IBM
	聪明的	技术的、团体的、聪明的	
	成功的	领导者的、有信心的、成功的	
精致	上层阶段的	有魅力的、好看的、上层的	雷克萨斯 梅赛德斯
	迷人的	女性的、迷人的、柔顺的	
强韧	户外的	男子气概的、西部的、户外的	李维斯 万宝路
	强韧的	粗犷的、强硬的	

珍妮弗·阿克尔的品牌个性维度是以西方著名品牌为研究对象的，因此带有明显的国家和民族文化特性。针对中国的文化特征，我国学者卢宏泰和黄胜兵（2003）从中国传统文化角度阐述了中国的品牌个性维度，即仁、智、乐、勇、雅，进一步细分为14个不同的层面，并包括42个品牌个性特征，具体见表3-3。

表3-3 **中国品牌个性维度量表**

个性维度	不同层面	品牌个性特质词语
仁	诚	温馨的、诚实的、家庭的
	和	和谐的、平和的、环保的
	义	正直的、义气的、仁慈的
	朴	质朴的、传统的、怀旧的
	俭	平易近人的、友善的、经济的
智	稳谨	沉稳的、严谨的、有文化的
	专业	专业的、可信赖的、领导者的
	创新	进取的、有魄力的、创新的
乐	群乐	吉祥的、欢乐的、健康的
	独乐	乐观的、自信的、时尚的
勇	勇德	勇敢的、威严的、果断的
	勇形	奔放的、强壮的、动感的
雅	现代之雅	体面的、有品位的、气派的
	传统之雅	高雅的、美丽的、浪漫的

【拓展阅读3-2】

品牌个性与品牌定位

微课 3-2

品牌个性塑造

（1）品牌定位是确立品牌个性的必要条件，品牌个性必须通过品牌定位来表现。

（2）品牌个性就是要在品牌定位的基础上创造人格化、个性化的品牌形象。

（3）品牌个性并不完全决定于品牌定位。即使是相同定位的品牌在消费者的眼里也会呈现不同的个性特征。

三、品牌个性形态

麦克雷（1991）在《世界级品牌》一书中将品牌个性划分为六种形态：

1. 仪式型

把品牌与特殊场合联结，使品牌成为一种经验。例如，粽子与端午节、月饼与中秋节的联结。

2. 标志型

以形象为主的品牌，其标志通常有某种附加价值，如路易威登（LV）、香奈儿（CHANEL）等品牌标志，好像产品本身已经没那么重要了。

3. 优良传承型

第一个以某种特性为诉求的品牌，通常将自己定位成这个品类的先驱者。例如，可口可乐是"真实"的饮料，美体小铺是关心环境的卫浴用品。

【拓展阅读3-3】

2014年6月24日，在Interbrand发表的《2014全球50个最佳绿色品牌》评选中，福特击败了2013年度排名第一的丰田，以及包括强生、可口可乐和微软在内的多家国际企业，排名跃居榜首。福特长期致力于打造绿色品牌，它在2013年的评选中排名第二，在2012年排名第十五。

Interbrand评委会认为，福特采取前瞻性行动，在环保制造领域的透明度和信息公开化方面走在了其他品牌的前面。福特长期致力于打造绿色的品牌运营环境。在最近发布的《第十五期可持续发展报告》中，福特十分注重节约利用水资源，并积极采取行动减少垃圾生成，打造绿色制造环境。

"能够获得全球最佳绿色品牌殊荣，我们感到很荣幸。"福特可持续性、环境和安全工程副总裁Robert Brown表示，"在为消费者提供高品质产品和服务的同时，福特努力肩负起环保责任，减少生产制造对环境产生的负面影响。这个奖项证明我们的做法是正确的。"

Interbrand每年都会公布一份《全球100最佳品牌》排行榜，《全球50最佳绿色品牌》排行榜也是在此排行榜的基础上演变而来的。上榜品牌需要同时具备两个条件：一是在全球市场具有竞争力；二是能够为利益相关者创造价值。与德勤咨询公司一起，Interbrand针对这些品牌的环保表现力做了广泛的调查与研究，以确保获奖者实至名归。

“就环保表现力来说，福特在过去的几年中展现出了领导者的风范。”Interbrand全球首席执行官表示，“环保意识已经融入了福特日常运营的方方面面。公司能够很快掌握各级运营层面对环境产生的影响，在不断引入替代能源和节能技术的同时，让消费者体验绿色产品的益处。这会让福特的业务愈发强健。”

资料来源　佚名.福特荣膺2014全球最佳绿色品牌［EB/OL］.［2014-06-25］.（2025-07-21）.https：//projector.yesky.com/468/37856468.shtml.有删改.

4.傲气逼人型

可让消费者认为与众不同的品牌，通常是特别设计的，如法拉利跑车。

☞拓展案例3-1

CHANEL No.5是香奈儿的第一瓶香水，是1921年推出的第一款合成花香调香水，灵感来自花束，融合了奢华与优雅，且表现出女性的勇敢与大胆，完全打破了当时香水的传统精神。香奈儿女士崇尚简洁之美，她希望以简单而不花俏的设计为最初诞生的香水作包装——长方体附以利落线条的香水瓶，CHANEL No.5的黑色字眼呈现于白底上。

5.归属感型

让消费者感觉可以融入他所向往的族群里，如李维斯牛仔裤是年轻不拘形式的象征。

☞拓展案例3-2

百威把目标消费者锁定在25～35岁的日本男性，他们的消费个性是：最有购买力，有更多时间去追求自己喜爱的事物，新奇而又昂贵的产品很能吸引他们，他们有自己的文字、表达方式和独特的语言，对运动与时装非常有兴趣，喜爱多姿多彩的休闲活动，往往是市场舆论的制造者和领袖，啤酒是他们最喜爱的酒。这个对象的设定与百威啤酒原本就具有的“年轻人的”和“酒味清淡”的形象十分吻合。

6.传奇型

这是指有真正的历史渊源，而且几乎变成神话的品牌，如添柏岚Timberland休闲鞋以印第安土著平底鞋的手法制造。

☞拓展案例3-3

1847年，李维·斯特劳斯（Levi Strauss）从德国移民至美国纽约。1853年，这个做帆布生意的犹太人趁着加州淘金热前往旧金山。他把一批滞销的帆布做成几百条裤子，拿到淘金工地上推销，想不到竟然大受淘金者的欢迎。1855年，斯特劳斯放弃帆布，改用一种结实耐磨的靛蓝色粗斜纹布制作工装裤，并用铜钉加固裤袋和缝口。斯特劳斯用自己的名字Levi's作为产品品牌，并在旧金山开了第一家店。第二次世界大战后，Levi's牛仔裤开始在全球流行。Levi's作为牛仔裤的“鼻祖”，象征着美国西部拓荒精神。

四、品牌个性因素

品牌个性来自与品牌有关的各个方面，品牌专家大卫·艾克将各影响因素分为两类，即与产品有关的特性和与产品无关的特性。

（一）与产品有关的特性

1.产品类别

不同产品类别的品牌个性也应各有千秋，这样才更符合产品特性。例如，银行或保险公司会倾向定位成典型的“银行家”个性，展示胜任的、严肃的、男性的、成熟的和上层阶级的品牌形象。又如，锐步（Reebok）作为运动品牌则偏向野性的、户外的、冒险的、年轻的和精力充沛的品牌形象。

2.产品属性

不同的产品属性使人对品牌个性的感知显然不同。例如，慧俪轻体被赋予一个苗条的、活跃的个性，让顾客更容易记忆，大家相信其具有低卡路里、控制体重的属性。

3.产品包装

随着“颜值时代”的到来，消费者对美的追求到达了新的高度。产品的包装就像一个无声的推销员，把品牌的个性诠释出来。例如，美体小铺使用天然原料制造产品，包装瓶和包装盒都可以回收再使用，从而展现了品牌真诚的个性。

4.产品价格

产品价格的高低反映出产品内在的品质，除了影响人们对产品品质的认知外，产品价格就像一个信号一样反映出不同的品牌个性。例如，ROSEONLY的定位是中国高端玫瑰第一品牌，客单价通常上千元，也衬托出品牌浪漫、高贵的品牌形象。

☞拓展案例3-4

越野路虎将理性特质转为感性的品牌个性

越野路虎的理性特质有4×4四轮驱动系统、古朴、稳健和个性化的设计，但这些理性特质还不够吸引人，应该在产品中引入一些情感特征，品牌才更有价值。所以，在上述理性特质的基础上，越野路虎又增加了品牌的情感价值：

个性——相对于其个性化的设计；

原创性——承袭了古朴、古典的内涵；

胆识和魄力——相对于其稳健的特性；

至尊的优越感——相对于四轮驱动系统的性能。

同时，越野路虎还根据其目标消费群的特点增加了一些特性，如探险中的刺激、对自由的执着。

这些个性使路虎品牌更加鲜明，显示出它与众不同的魅力。

（二）与产品无关的特性

1.使用者形象

以典型使用者或理想化的使用者为基础形成品牌个性，如奔驰代表了上层社会的个性，小米SU7则代表了年轻时尚的个性。

☞拓展案例3-5

佳能的个性定位

成功的定位会使产品具有竞争力，并建立独有的形象。例如，佳能代表了“专业及高质素”，而佳能旗下的六个品牌都有各自的品牌个性，见表3-4。

表3-4 佳能产品个性定位

产品分类	产品	特性	使用者
Pro	EOS-1D X	属于专业旗舰级全幅EOS数码单镜反光相机，影像质素高，拍摄速度与表现最佳	专业用家
Full Frame	EOS-5DMark Ⅲ EOS-6D	半专业级全幅	用家面很广，包括专业摄影师
Mid-Range	EOS-7D EOS-60D	影像质素高，操作较具弹性	适合专业用家

续表

产品分类	产品	特性	使用者
Entry	EOS-700D EOS-100D EOS-600D	属于EOS入门机	入门级，新手爸妈及入门者使用
	EOS-M	较轻便、可换镜头数目最多，客户层面最广	
Prosumer	Powershot G	不算轻巧，但功能多，销量高	影像发烧友，也包括未必有很多摄影知识的人士。近年来，女性客户超过了4成
	Powershot S	某功能特强，为夜摄王	
	Powershot SX40	某功能特强，为远摄王	
Consumer Imaging product	IXUS轻便卡片型	很多的颜色选择，轻巧、简单、易用	大众化市场
	LEGRIA摄像机	摄像机，以卡通做广告	有小朋友的家庭

2.品牌代言人

选用适合的品牌代言人也可以塑造品牌个性。例如，百事可乐选择一众新生代偶像，彰显了百事可乐“独特、创新、积极”的品牌个性。

3.品牌名称和标志

品牌名称和标志除了有识别品牌的作用外，还会影响消费者对品牌个性的感知。例如，三只松鼠用三只可爱的小松鼠凸显纯真的品牌个性。

4.品牌历史

品牌拥有的历史会影响消费者对品牌个性的感知。一般来说，诞生较晚、上市时间短的品牌在消费者心目中的品牌个性更趋向年轻、时尚、创新；反之，则会呈现比较沉稳、传统的品牌个性。例如，茅台悠久的历史塑造了领导者、稳重、成功的品牌个性。

5.品牌来源地

由于历史、文化、经济、自然资源、产业集群等因素的不同，每一个地方都会形成别具特色的地方形象，它深深地影响消费者对这些地方产品的认知。例如，来自法国巴黎的香水，人们认为它是迷人的、有魅力的、性感的。对于产自意大利的服装，人们认为它是上层阶级的、雅致的。

任务二 品牌文化塑造

☞导入案例

娃哈哈文化的核心是“家文化”。其核心理念是凝聚小家，发展大家，报效国家。其中，“小家”是指每一个员工，“大家”是指企业，“国家”是指国家和社会。团结和凝聚每一个员工的力量是企业发展的前提，只有把员工的力量凝聚起来，企业才能发展。发展是企业第一位的、最重要的工作。凝聚小家的根本目的就是为了更好地发展企业这个“大家”。报效国家，是一个企业的社会责任感。

微课 3-3

娃哈哈“家”文化

品牌的背后是文化，文化是品牌的核心，是品牌之间区分特质之处。今天，文化传统和价值取向已成为品牌竞争战略不可或缺的要素，品牌的文化内涵是品牌力的主要依托之一。

文化可以体现品牌内涵，提升品牌形象。品牌的知名度、美誉度和忠诚度都依赖于深厚的文化底蕴。企业只有注重提升品牌的文化内涵，用心营造具有自己品牌特色的文化氛围，宣传蕴含在品牌文化中的新鲜、健康、独特的生活理念，扩大品牌的市场辐射，才能保持品牌的生命力，促进品牌的可持续发展。

一、品牌文化内涵

菲利普·科特勒认为，品牌最持久的吸引力来自品牌所包含的文化，这是知名品牌之所以深入人心的魅力所在。品牌之所以能成为品牌，必须被消费者以及非消费者（其他社会公众）所承认，这种承认是建立在品牌文化基础上的。

品牌文化（brand culture），是指通过赋予品牌深刻而丰富的文化内涵，建立鲜明的品牌定位，并充分利用各种强有效的内外部传播途径形成消费者对品牌在精神上的高度认同，创造品牌信仰，最终形成强烈的品牌忠诚（李艳，2014）。品牌文化的核心是文化内涵，具体而言是其蕴含的深刻的价值内涵和情感内涵，即品牌所凝练的价值观念、生活态度、审美情趣、个性修养、时尚品位、情感诉求等精神象征。品牌文化的构成如图3-1所示。

精神文化，是指品牌在市场营销与传播的过程中所体现出的一种有别于其他品牌的意识形态和价值观念，是品牌文化的核心层，包括品牌价值观、品牌道德伦理、品牌情感、品牌个性和品牌制度文化，也是品牌的灵魂所在。比如，苹果手机代表一种永远保持创新的、极客的品牌文化；而华为手机则代表一种以客户为中心的持续创新的品牌文化。

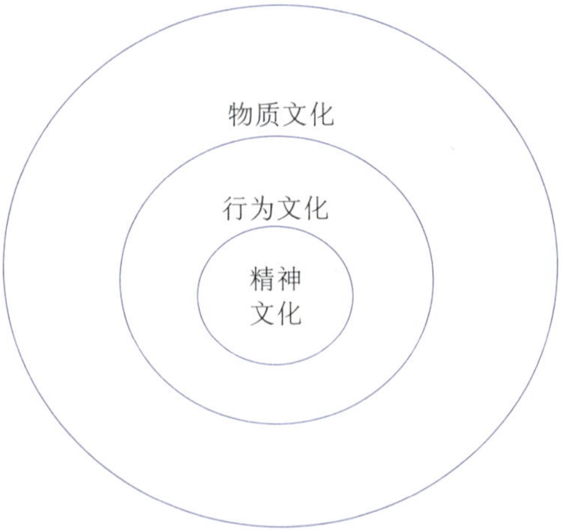

图3-1　品牌文化的构成

行为文化，是指通过市场营销与传播活动，将品牌的价值观和相关理念予以动态表现的过程，是品牌文化的中间层，包括品牌营销行为、个人行为和传播行为等，是品牌的传递方式。比如，江小白确定将“简单、年轻人设计白酒”作为精神文化后，通过嘻哈、音乐节、约酒、微博社会文化、涂鸦等营销活动，持续强化品牌文化，时间一久，品牌文化自然印在消费者脑海中。

物质文化是由产品的物质形态或品牌的传播符号所构成的，是品牌文化的外围层，包括产品文化、包装文化以及名称和标志文化，是品牌的展现形式。

二、品牌文化作用

（一）提升发展空间

消费者是品牌文化的受众群体，具有复杂的个性特征和精神需求。对他们的个性需求和心理进行深入调查分析，可以从更精确的定位塑造品牌文化，吸引消费者，促进销售。企业通过品牌文化来强化品牌力，让品牌在激烈的市场竞争中脱颖而出，实现成功的品牌延伸，为企业谋求更为丰厚的商业利润和发展空间。

☞拓展案例3-6

佰草集从2008年开始国际扩张，其目标人群为受到高等教育、生活在大城市、年龄在40岁左右，并对文化敏感、追求异国情调、厌烦了根深蒂固的西方文化、对化学物质持怀疑态度的女性。佰草集提出“中国式美容疗方”“古老中国的美容秘方”的口号，将佰草集定位为一个根植于中国传统医药和植物的现代化妆品，用中国古代文化强化了品牌的影响力。

（二）满足消费者文化与个性需求

行为科学的代表人物弗里茨·罗特利斯伯格提出社会人的概念，认为人除了追求物质本身之外，还有社会文化方面的需求。品牌文化的建立能使消费者在享用商品本身带来的物质利益的同时，享有精神文化上的满足。

现在市场上同一类但不同品牌的产品往往有几十种甚至上百种，它们各自像一个个故事，诉说着不同的情感，代表着不同的文化及不同的生活方式。因此，消费者在选择商品的同时，选择他们感兴趣的、符合文化个性需求的、代表生活方式的"故事"。

☞拓展案例3-7

摩卡咖啡曾推出一则电台广告，文案内容是："在这个世界上，我找我自己的味道，口味很多，品味却很少，我的摩卡咖啡。"这则广告就是基于文化细分将目标客户锁定在"不赶时尚，有自己品味"的特定人群身上，同时暗示他们选择摩卡咖啡就是坚持这样的生活方式。

（三）有助于培养品牌忠诚群

"我高兴，我买！"对消费者而言，品牌价值包括物质价值、精神价值和文化价值三个方面。品牌文化触动着消费者的文化心灵，也创造了品牌的价值。因此，品牌文化与消费者内心认同的文化和价值观一旦产生共鸣，将会在无形中强化消费者对品牌的青睐，促使消费者成为品牌的忠诚用户。品牌忠诚不仅是一种消费选择，还是一种情感的交流。

☞拓展案例3-8

1985年，可口可乐宣布改变品牌配方，引起轩然大波，消费者纷纷抗议，迫使可口可乐不得不恢复原有的配方。仅以电话热线的统计为例，在新可乐上市4小时之内，接到抗议电话650个；4月末，抗议电话的数量是每天上千个；5月中旬，抗议电话多达每天5 000个；6月，这个数字上升为每天8 000多个。相伴电话而来的，是数万封抗议信，大多数消费者表达了同样的意见："可口可乐背叛了他们，重写《宪法》合理吗？《圣经》呢？在消费者看来，改变可口可乐配方，其性质一样严重。这说明消费者在长期的消费中与可口可乐建立起了特殊的、难以割舍的情感。

三、品牌文化塑造途径

当前市场，产品在功能性上的同质化日趋严重，想让消费者在众多品牌中鲜明地识别出一个品牌，最有效的方法是塑造品牌独特的文化内涵。消费者对品牌文化的认同不会轻易改变，因此一种文化理念一旦被消费者接受，对提高品牌力是十分有利的。这样品牌文化就形成一种易守难攻的竞争壁垒，成为与竞争对手对抗的有力手段。

企业可以从名称与标志设计、形象代表选择、产品形象塑造、个性塑造等多个途径深入挖掘品牌的文化内涵，构建品牌的文化形象，提高产品的附加值，为企业创造更为广阔的市场空间和更大的利润收益。

（一）设计名称与标志

名称与标志作为品牌构成的最基本元素，属于品牌的可见载体部分。品牌名称反映了品牌文化的精神和传承，而品牌标志则以视觉的方式，用符号、图案或与众不同的色彩或字体等表达品牌的文化核心内涵。因此，品牌文化的传达首先应该从选择名称与标志入手。

☞拓展案例3-9

1986年，鸿福堂的创办人黄正发籍贯潮州，潮州人喜欢以“鸿”字命名，“福”字代表福气、健康，在20世纪，凉茶铺被称为“堂”，所以“鸿福堂”这个品名寓意能为顾客带来健康的体魄，也能为经营者带来福气。

鸿福堂标志（如图3-2所示）采用红白对比的设计，中文字“鸿福堂”为中国手写书法，置于富有中国传统色彩的旗帜内。三面迎风展开的旗帜，动感十足，彰显出鸿福堂从凉茶起步，做大做强的信心与勇气。旗帜下有英文名“Hung Fook Tong”，彰显了品牌的传统革新，将传统凉茶年轻化，融入西方文化，并带到海外。

图3-2　鸿福堂标志

（二）选好形象代表

麦当劳叔叔、肯德基爷爷、凯蒂猫等都是人们熟悉的品牌形象代表。形象代表是品牌标志的一个特殊形式，往往取材于人类本身或现实生活，借助于电视、网络等传播媒体表达品牌文化，这种方式容易被消费者迅速认可。不同的品牌可以根据自身的品牌个性推出不同形式的品牌形象代表，可以是真实的人物，也可以是卡通人物。

（三）强化品牌个性

“个性”一词原意是对人的心理特征的一种描述，是指个体在心理发展过程中逐渐形成的稳定的心理特点。因此，品牌个性是指品牌在建设过程中逐渐形成的对消费者而言稳定的心理感受，品牌文化是体现品牌人格化的一种文化现象。在品牌个性的形成与强化过程中，既要有科学严谨的态度，对目标群体的需求准确定位，又要持续跟进，不断修正。只有这样，才能塑造独一无二的品牌个性，触及品牌的核心领域，为品牌铸就忠诚、崇拜。

☞拓展案例3–10

七匹狼品牌以“狼文化”为塑造核心，颠覆了传统农耕文化中狼的阴险和凶残，诠释着自信、团队、挑战的另类狼文化。七匹狼在确定个性化之路时，以“狼”为品牌形象的主体，作为其个性的表达语言，并把品牌人格化。强化形象认知，实现狼性文化与男性世界的深度沟通与契合。图3–3为七匹狼品牌标志。

图3–3　七匹狼品牌标志

（四）融入国家和民族特色

人们常说：“越是民族的就越是世界的。”在很大程度上，品牌是一种文化传统的沉淀过程。越是传统性和民族性的品牌，往往越是知名的品牌。因此，将我们自己的国家和民族特色的文化优势融入品牌中，才能够与其他民族和地区的品牌区分开来，树立我们自己的特质和自信，进而促使品牌走向全国、走向世界。

☞拓展案例3–11

可爱文化是日本自身独有的一种文化，自20世纪70年代以来，“可爱”已成为日本文化的重要元素，“凯蒂猫”“皮卡丘”“名侦探柯南”等一系列卡通形象人物更是将这种“可爱”文化推向了全世界。目前，这种可爱文化的风潮也进入了世界多个国家，如德国NICI公司的玩偶和国宝级的老鼠Die Maus（如图3–4所示），荷兰北岸的Miffy（如图3–5所示），美国的米老鼠、唐老鸭、白雪公主和狮子王等。

图3-4　Die Maus卡通形象

图3-5　Miffy卡通形象

（五）实施文化营销

文化营销是创新商业活动的另类模式，是指企业在产品的营销过程中，给企业或产品注入文化元素，把企业的文化理念传播给渠道和消费者，使得消费者在消费产品和选择品牌的同时获得心灵上的共鸣和价值上的认同。

☞拓展案例3-12

谭木匠专卖店大都设在城市商业闹市区，店面陈设有统一的风格要求，整个店面传递出浓厚的文化气息，在浮光掠影中给人一种原汁原味的古朴感。顾客走进谭木匠专卖店，感动于喧嚣城市里这块小天地带给人的那份古老而精致的心情，这种文化和情感认同使许多过路人成为谭木匠的客户，甚至成为回头客。演绎独具特色的文化理念，突出鲜明的个性，往往能使品牌获得消费者情感上的认同，进而形成品牌的魅力和价值。谭木匠依靠传统木梳行业的底蕴，提炼出“我善治木”“好木沉香”的理念，将中国古典文化和人性情感注入到了产品中，以独特的文化品味和高品质的木梳塑造高端品牌形象。图3-6为谭木匠品牌及产品。

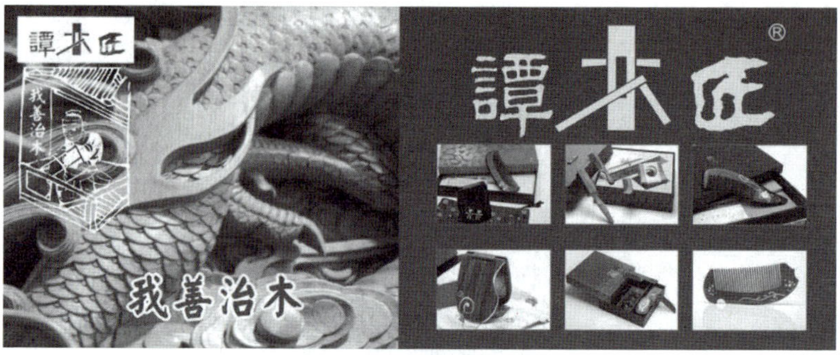

图3-6 谭木匠品牌及产品

（六）做好品牌延伸

消费者不会频繁购买或者没有足够的经济实力购买一些豪车品牌及奢侈品品牌，但当这些品牌已经在消费者心目中建立了非常强的差异化的品牌识别特征，且这些特征又被成功地移植到品牌衍生品上时，通过购买延伸产品，消费者也可以体验纯正的品牌文化。

例如，喜爱宝马品牌的消费者可能会购买一辆宝马轿车，也可能会购买宝马摩托车、宝马箱包及服饰，从而使消费者的流动由品牌间的转移变为品牌内的转移，使消费者从多个角度长期积累对这一品牌的认同和偏好，从而使品牌的无形资产不断增长。

（七）建立品牌博物馆

通常实物的陈列往往比语言的描述更具可信性和震撼力。通过建立品牌博物馆，将历史长河中沉淀的品牌文化传统以实物形式可视、可读、可触，是塑造品牌文化的一种有效的途径。第一款产品、第一笔合同、第一批员工名录、每一代新产品等具有历史价值的实物、文字、图片等都是品牌博物馆珍贵的物件。例如，泸州老窖博物馆陈列了象征中国白酒第一次走出国门荣获美国旧金山巴拿马太平洋万国博览会金牌、新中国第一本酿酒技艺教科书的《泸州老窖大曲酒》等，将泸州老窖深厚的文化底蕴和丰富的企业故事呈现给大众，不断完善丰富品牌价值。

【项目总结】

做品牌，不能急于一时，更不能只重视超级符号的打造，应该塑造品牌的核心价值，即灵魂DNA，通过品牌人格化，实现与消费者沟通的同向同行。本项目主要让学生了解品牌个性的内涵与原则，掌握五大品牌个性维度，分别是真诚、激情、能力、精致和强韧。品牌文化是打造成功品牌的一项关键元素。品牌文化主要有物质、行为、精神等三个层次，企业可以从名称与标志设计、形象代表选择、产品形象塑造、个性塑造等多个途径深入挖掘品牌的文化内涵，构建品牌的文化形象。

【品牌个性塑造实训】

【训练目标】

强化学生品牌个性塑造能力。

【任务要求】

1.团队合作，每组有一个负责人。

2.产品选择，以学生创业的奶茶店为例进行个性塑造。

3.个性塑造，围绕个性维度、个性因素等开展实训。

4.交流汇报，展示小组成果。

【任务呈现】

以小组为单位提交Word/PPT作品，作品要说明产品的个性特征并解释原因。

【任务评价】

评价指标	评价标准	分值	评估成绩	权重
品牌个性塑造训练	1.围绕个性要素、个性因素等开展品牌个性塑造	40		70%
	2.个性要富有创造性	20		
	3.团队成员分工合理	10		
	4.按时完成	10		
	5.汇报得当	20		
教学过程	出勤、态度和热情	100		30%
小组综合得分				

【自我检测】

自我检测答案

1.单项选择题

（1）以下属于精神文化范畴的是（　　）。

A.产品文化　　B.包装文化

C.品牌价值观　　D.标志文化

（2）品牌文化的核心是（　　）。

A.品牌精神文化　　B.品牌物质文化

C.品牌行为文化　　D.品牌产品文化

（3）“鸿福堂”品牌字体采用中国手写书法，其文化塑造的途径是（　　）。

A.设计名称与标志　　B.选好品牌形象

C.强化品牌个性　　D.实施文化营销

(4) 诚，属于（　　）维度的个性指标。

A.仁　　B.智　　C.乐

D.勇　　E.雅

(5) 强韧的，属于（　　）维度的个性指标。

A.真诚　　B.刺激　　C.能力

D.精致　　E.强韧

2.多项选择题

(1) 品牌文化可以从（　　）途径进行塑造。

A.设计名称与标志　　B.选好品牌形象　　C.强化品牌个性

D.实施文化营销　　E.融入国家和民族特色

(2) 以下属于品牌个性维度的有（　　）。

A.真诚　　B.刺激　　C.能力

D.精致　　E.强韧

(3) 在品牌个性塑造中，与产品相关的因素有（　　）。

A.产品品质　　B.产品属性　　C.产品包装　　D.产品价格

(4) 中国的品牌个性维度包括（　　）。

A.仁　　B.智　　C.乐

D.勇　　E.雅

(5) 智维度所包含的评价指标有（　　）。

A.稳谨　　B.专业　　C.创新

D.群乐　　E.独乐

3.判断题

(1) 文化是品牌的核心，是品牌之间区分特质之处。（　　）

(2) 品牌个性与品牌定位之间没有关系。（　　）

(3) 气质和性格都没有社会道德评价意义。（　　）

(4) 品牌文化理念一旦被消费者接受，对提高品牌力是十分有利的。（　　）

(5) 品牌个性塑造的前提是品牌拟人化。（　　）

项目四　品牌元素设计

☞思维导图

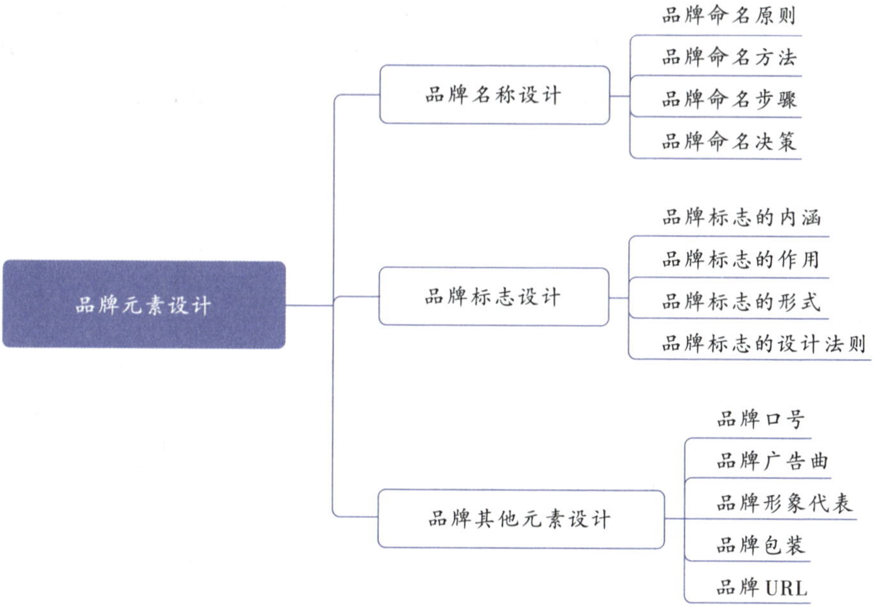

☞学习目标

□ 知识目标：

1. 掌握品牌常用的命名方法；
2. 了解品牌命名的决策过程；
3. 掌握品牌标志的类型；
4. 了解品牌标志的设计；
5. 掌握打造品牌的其他元素。

□ 能力目标：

1. 能够为企业提供品牌名称及标志的理念设计；

2. 能够为企业提供品牌其他元素的理念设计。

□ 素养目标：

1. 能弘扬中国传统文化；

2. 能培养学生的美学素养。

□ 任务分解：

任务一：品牌名称设计

任务二：品牌标志设计

任务三：品牌其他元素设计

引导案例

老北京老字号起名故事

品牌名称、品牌标志作为品牌的“门面”，是构成品牌视觉识别体系的基本元素，它们能提高品牌知名度并有助于使消费者形成强烈的、有力的与独特的联想。但需要注意的是，消费者买的是产品，如果想让品牌名称、品牌标志成为影响消费者购买的因素，关键是做好产品。

任务一　品牌名称设计

☞导入案例

同仁堂品牌创办人乐显扬认为“可以养生、可以济人者，惟医药为最”，并把“同仁”二字作为堂名，认为“公而雅”。《周易》“同人卦”，天火同人，象征同类会聚、齐心无私、协力经营共同事业，因此卦辞曰“亨”，即通达顺利；《素书·安礼》“同仁”一词，指同行仁德者；韩愈在《清边郡王杨燕奇碑文》用“同仁”一词，取一视同仁之意。乐显扬融合上述三意，命为堂名，既包含了儒家推崇的“天下为公”的思想，又蕴含了《尔雅》关于“义”“正”的道德要求。“同修仁德，济世养生”是对同仁堂作为中医药企业的初心、使命和精神的概括、总结，表达的是同仁堂人立志以服务人类健康为己任的理想和追求。

古语有云：顾其名，思其意。子曰：“必也正名乎!”“名不正则言不顺，言不顺则事不成”。可见名正言顺对人有多么重要。从某种意义上讲，产品和人很像，有高低起伏的生命周期，有人缘的好坏，因而商品也需要有个相称甚至能提升人缘的商品名称，来助其驰骋商场。

然而，命名并不简单，广告大师大卫·奥格威（David Ogilvy）曾经如此形容产品命名这件事：“要找一个还没被别人家公司登记的好名字，实在难如上青天……我曾为成打的新产品建议过无数的新名字，但一个也没被采用过，祝你好运!”

正因为命名并不简单，所以一定要掌握命名的原则、方法及步骤。

一、品牌命名原则

品牌名称是品牌的核心要素，它往往简洁地反映了产品的中心内容，使消费者产生关键的联想。品牌命名应该非常讲究，要具有独特性，并且立意隽秀、令人回味无穷；好的品牌名称和普通的品牌名称相比，单纯从字意上，要容易识别与记忆；理想的品牌名称应该做到使人记忆深刻，对产品类别及特质、优点等具有准确的定位；有趣味，富有创造力，寓意深远，在法律和竞争中都能获得强有力的保护。品牌命名需要遵循的原则见表4-1。

表4-1　品牌命名原则

序列	品牌命名原则
原则一	简洁有力，易于记忆
原则二	通俗易懂，易于接受
原则三	朗朗上口，易于传播
原则四	富含寓意，联想丰富
原则五	揭示功能，激发好感
原则六	注重文化，意蕴深厚
原则七	反映属性，彰显特色
原则八	反映定位，形象生动
原则九	考虑远景，国际通用

【拓展阅读4-1】

老字号命名

老字号讲究“名正言顺”，所谓“名正”，其标准主要来自中国传统文化。儒家素来倡导的“仁义礼智信”五常，是老字号名称中使用最多的。

仁：同仁、聚仁、庆仁、仁祥、仁和

义：广义昌、德义斋、义利、义兴、义泰、义和、义善源、黄盛义

礼：礼和、礼康、礼让斋、谦礼堂

信：志成信、世义信、谦信益、信赐福、公信、立信

中国道家的思想在老字号的命名中也有所体现，如胡雪岩1874年在杭州创立的“胡庆余堂”，其命名源于《易传》中“积善之家，必有余庆”，庆余隐含积善。《道德经》中的“德”和“谦”，是老字号经常采用的字。

德：大德兴、大德通、大德恒、正兴德、全聚德

谦：谦祥益、谦和、谦信、谦泰

这种注重名称含义和文化含义的命名，往往无法顾及读音的拗口或同音字或复杂字。也就是说，老字号命名不是将便于传播放在第一位，这不同于西方的品牌命名思想。

资料来源 卢宏泰.品牌思想简史［M］. 北京：机械工业出版社，2020.

二、品牌命名方法

当代品牌名称设计已形成一种国际化潮流。品牌要国际化，品牌名称除了应具有共性——易读、易写、易识，还要能通行世界各国。也就是说，品牌名称最重要的功能是要最大限度地传播品牌，要让目标消费者记得住、想得起品牌所代表的产品，只有这样的品牌名称才是成功的。品牌名称传播力的强弱取决于品牌名称的词语组成和含义这两方面因素，两者相辅相成、缺一不可。

（一）用企业的名称作为品牌名称

采用公司名称同品牌名称一致的策略是一种最为常见的命名方法。这种方法有利于形成产品品牌、企业品牌相互促进，以达到有效提升企业形象的目的。其优点是花一笔宣传费可以同时宣传企业形象、树立品牌形象；其缺点就是如果产品品牌受损，则它会直接影响到企业的品牌形象。例如，苹果、3M、小米、格力、海尔等知名品牌均是采用企业名称作为品牌名称。

（二）用产品的主要功能作为品牌名称

品牌名称应向消费者暗示产品的效用或品质，这种命名方法容易使消费者通过品牌对产品功能产生认同，通过使用后的功效加深对品牌的记忆，例如，支付宝从名称上直接体现出其核心功能，娇爽、舒肤佳、百年润发通过品牌名称传递品牌具有满足特定需求的信息。

【拓展阅读4-2】

“Sprite”饮料刚在中国香港上市时，考虑港澳地区人们喜欢吉利的心理，取谐音将其命名为“事必利”，但是销售情况并不好，后改名为“雪碧”。“雪碧”这个名字能引发消费者关于“冰雪”“碧玉”“碧绿”之类的联想，给人清凉解渴之感，产品随之热销。

“六个核桃”这个名称，一方面用了自己产品的原料来命名，个性独特、引人注目，可直接告诉消费者：产品与核桃相关，点明了产品的可食用属性；另一方面，“六”在中国传统文化中寓意六六大顺、前程似锦！简单的传播信息更有利于消费者记忆。“六个核桃”是一个非常符合消费者心理认知和便于传播原则的产品名称。

（三）用数字、字母或符号作为品牌名称

数字、字母和符号简明、易记，品牌名称既可以完全由数字组成，又可以由数字和文字联合组成，借用人们对数字、字母和符号的联想效应，增强品牌的特色，如999感冒灵、7-ELEVEn（如图4-1所示）、欧米茄（如图4-2所示）等。

图4-1　“7-ELEVEn”便利店标志

图4-2　欧米茄标志

【拓展阅读4-3】

“7-ELEVEn”是世界最大的零售商和便利店特许商。7-ELEVEn便利店诞生于美国，前身是成立于1927年的“南大陆制冰公司”，2005年成为日本公司。2025年8月，其全球店铺数达到83 000家。由于它推出从早7：00至晚11：00的营业时间深受消费者欢迎，1946年正式改名为7-ELEVEn。尽管现在营业时间改为全天24小时，但它依旧保留以前的品牌名称，目前已经成为知名的世界品牌。

（四）用地名作为品牌名称

用地名作为品牌名称这种方法主要以产品的产地来命名，可以使消费者由对地域的信任产生对产品的信任。用产地或地名命名的品牌多选择与品牌有地缘关系或受品牌拥有者推崇的山川、湖泊、河流、名胜等作为品牌名称，例如青岛啤酒、洋河大曲酒、阳江十八子刀具等。

☞拓展案例4-1

以芬兰地名“诺基亚”命名的诺基亚手机家喻户晓。图像处理photoshop的生产者Adobe公司的名称“Adobe”来自公司附近的小河奥多比溪（Adobe），这条河在公司原位于加州·山景城的办公室不远处。万宝龙国际Montblanc International（GmbH）是德国的一家精品钢笔、手表与配件的制造商，是阿尔卑斯山脉最高峰勃朗峰（MontBlanc）的中文音译词。

（五）用人名作为品牌名称

以名人、明星或企业首创人的名字作为品牌名称，也是一种常见的品牌命名方式。国外品牌常常采用以创始人姓名为品牌进行命名的方式，单就汽车行业而言，如“Lincoln（林肯）”之名取自美国总统林肯；“Mercedes（梅赛德斯）”则是以戴姆勒公司驻法国总进口商埃米尔·耶内克的女儿梅赛德斯命名；“Audi（奥迪）”是发明人工程师奥克斯特·霍希尔的拉丁文AUDI转译的车名。其他领域如戴尔（Dell）、卡西欧（Casio）、沃尔玛（Wal-Mart）、李宁、张小泉等品牌都是以创始人姓名进行命名的。

【拓展阅读4-4】

乔丹体育这些年发展顺风顺水，然而却遭受传奇人物飞人乔丹诉其侵权。原来乔丹体育既不是飞人乔丹下属的公司，也不是飞人乔丹授权成立的公司，甚至乔丹都没有代言过，它是一个地地道道的中国公司，其产品也和乔丹没有任何关联。乔丹体育取名“乔丹”从法律上没有错，其想借助名人效应快速成长的做法也无可厚非，乔丹体育错就错在欺骗了普通的消费者，错就错在没有尊重飞人乔丹的名誉。

（六）用动物、植物和自然景观作为品牌名称

动物、植物的形象，天然亲切，容易使人产生美好的联想，提升认知度。如小天鹅、捷豹、七匹狼、雕牌、鳄鱼等都是以动物命名的，动物名字也成为网站常采用的命名方式，如搜狐、天猫等，这样的命名使一个个没有生命的网站鲜活起来。植物常用来作为化妆品、纺织品、食品、药品、服装等的品牌名称，体现自然、清雅、美好的感觉，如玉兰油、春竹、红豆、田七等。需要注意的是，不同的地域、不同的民族对动植物有不同的喜好，因此在命名的时候要考虑到这些问题。

（七）用传说或美好的寓意作为品牌名称

神话传说是各个民族的宝贵财富，很多品牌名称来源于神话传说或是神话人物。日本汽车“马自达”是来自西亚神话中一种创造铁器、车辆的文明之神阿费拉·马自达。也有的品牌取名于美好的寓意，例如华为这个品牌名称取自“心系中华，有所作为”，寓意着中华有为，传递出中国品牌的价值观。

【拓展阅读4-5】

百度——众里寻他千百度，蓦然回首，那人却在灯火阑珊处

杏花村——借问酒家何处有，牧童遥指杏花村

露华浓——云想衣裳花想容，春风拂槛露华浓

东方既白——相与枕藉乎舟中，不知东方之既白

（八）用象声词作为品牌名称

目前在西方发达国家，采用以读音取胜来创新词语而不注重实际文字含义是品牌命名的一个流行趋势，甚至一些企业大胆采用若干字母组成毫无意义的名字，只要这个名字发音响亮，没有令人讨厌的含义，就被认为是一个非常成功的名称，如“OMO（奥妙）”“Pepsi（百事可乐）”“Nikon（尼康）”“Kodak（柯达）”等世界名牌都属于这一类型。

（九）用叠词作为品牌名称

为品牌取名还有一个很常用的技巧就是叠词化。采用这类方式取名的品牌也不在少数，如QQ、钉钉、陌陌、滴滴、当当、旺旺、盼盼等。叠词化的名字有一个明显的优势就是简洁明了，容易传播。叠词化的取名方式除了简单的两个字的重复，还可以取三个字的名字，但是并不是简单的三个字的重复叠加，而是品类词加上两个字的重复，如淘票票、拼多多、娃哈哈、企查查等。

（十）品牌名称的中英文互译

不少国际名牌进入中国市场时，将本土品牌的洋名和洋品牌的中文名进行“音、意”的合理结合，如Coca-Cola可口可乐、Clean & Clear可伶可俐等是音译的杰作，BMW宝马、Carrefour家乐福、Pantene潘婷等是音译和意译相结合的典范。这种结合既保留了原品牌名称的精华，又兼顾了中国消费者的文化、生活习惯和审美心理，表现出对中国文化内涵的深刻理解。

☞拓展案例4-2

联想集团之前起的英文名字“Legend（传奇）”非常令人喜欢，它那句广告语“人类失去联想，世界将会怎样?”大气磅礴，令人印象深刻。但是当联想实施国际化策略时，“Legend”竟成为绊脚石。这是因为“Legend”在海外市场被注册得太多，涵盖电脑、食品、汽车各个领域。最终联想自创了一个单词“lenovo”，“le”取自原先的“Legend”，承接“传奇”之意，“novo”是一个拉丁词根，代表着联想的核心是创新精神，代表“新意”，整个单词寓意为“创新的联想”。伴随“lenovo”的推广，公司又提出新的品牌口号“只要你想”。

微课 4-1

命名的问题

三、品牌命名步骤

品牌命名一般经过以下步骤：第一步，按照品牌要素、品牌构想，进行品牌名称调研和构思，考虑行业特色、品牌文化观、品牌的个性及市场角色，以及品牌关联度和品牌联想，拟定品牌命名方向。第二步，根据品牌命名方向，创造出品牌名称和相关概念。第三步，品牌名称筛选，得到一个可操作性、适用性较强的品牌名称名录。第四步，敲定最后的5～10个备选品牌命名方案，进一步开展品牌名称反馈意见调研、商标注册情况调研，并进行消费者测试。第五步，根据备选品牌命名方案，设计品牌名称的呈现方式，即品牌名称的视觉形象设计，最终选取最佳设计方案。第六步，基于以上所有信息，管理层确定最终品牌命名方案，并正式登记注册该名称。

【拓展阅读4-6】

黄克炜（2004）发展出“命名印象调查问卷”（见表4-2），以利于企业在进行新产品命名时，进行评价，进而挑选出能够结合企业产品定位与广为消费者接受的新产品品牌名称。

表4-2 命名印象调查问卷

本产品为预定近期上市销售的××××××

本产品特色、优点为：

职业：

年龄：

性别：

请针对本产品的下列命名加以评价，并针对各个项目进行三阶段评价，将各个适当数字填入空格内。

1.不太同意 2.普通 3.非常同意

命名案	易懂	好发音	听起来感觉很好	好记	符合产品特性	能感受到功效	能安心使用	能带来好感
AAA	3	3	2	3	2	2	2	2
BBB	2	2	2	2	3	3	2	2
CCC	3	3	1	1	2	2	2	2
DDD	2	2	2	2	3	3	2	3
EEE	1	1	2	1	2	3	2	2
FFF	2	2	2	2	2	2	2	2

四、品牌命名决策

品牌命名决策是指企业决定所有的产品使用一个或几个品牌，还是不同产品分别使用不同的品牌。品牌命名的决策大致有以下四种模式：

（一）个别品牌名称

个别品牌名称，即企业决定不同种类的产品使用不同的品牌。采用个别品牌名称，为每种产品寻求不同的市场定位，不仅有利于增加销售额和对抗竞争对手，还可以分散风险，使企业的整体声誉不至于因某种产品表现不佳而受到影响。例如，宝洁的洗衣粉品牌有汰渍、碧浪等。

（二）对所有产品使用共同的家族品牌名称

对所有产品使用共同的家族品牌名称，即企业的所有产品都使用同一种品牌。对于那些享有高声誉的著名企业而言，全部产品采用统一品牌名称策略可以充分利用其名牌效应，使企业所有产品畅销。同时企业宣传介绍新产品的费用开支也相对较低，有利于新产品进入市场。例如，美国通用电气公司的所有产品都用GE作为品牌名称。

（三）不同大类产品使用不同的家族品牌名称

企业使用这种策略，一般是为了区分不同大类的产品，一个产品大类下的产品再使用共同的家族品牌，以便在不同大类产品领域中树立各自的品牌形象。例如，宝马（BMW）集团有两大类汽车产品线，中大型轿车都使用BMW，而迷你型汽车则使用MINI为品牌。

【拓展阅读4-7】

科龙集团对其所有的产品品类和品种进行命名：一是多家族命名，即命名了三大（子）家族品牌：科龙、容声和华宝，形成多品牌战略；二是在一个家族品牌旗下，向多品类延伸，例如，子家族品牌“科龙”从电冰箱品类向空调机、冷柜和小家电品类延伸，形成品牌延伸战略；三是对同一延伸品类旗下的品种系列进行副品牌命名，例如，科龙冷柜（品类）的副品牌有冰灾星、强冷星和劲酷星（品种），科龙空调（品类）的副品牌有双效王和节能（品种）；四是对同一品种旗下不同性能、款式、型号、规格等产品命名副品牌，例如，节能旗下又有精灵和先锋两个副品牌，而精灵旗下还有N13和M11两个副品牌。

（四）个别品牌名称与企业名称并用

企业决定其不同类别的产品分别采取不同的品牌名称，且在品牌名称之前都加上企业的名称。企业多将此种策略用于新产品的开发。在新产品的品牌名称上加上企业名称，可以使新产品享受企业的声誉，而采用不同的品牌名称，又可以使各种新产品显示出不同的特色，如康师傅矿泉水、康师傅方便面等。

任务二　品牌标志设计

☞导入案例

2022年张小泉企业新标识由毛笔书写体“张小泉”、金色的“泉”字徽标、

1628品牌创始时间以及“良钢精作，匠心铸美”Slogan组成，如图4-3所示。

图4-3 张小泉企业标识

视觉主体“张小泉”三字的毛笔书写体传承延续，体现张小泉对中华民族传统文化的坚守，该字体早已深入人心，已然成为张小泉的代表性元素。如今焕新的张小泉品牌视觉体系，在继承了传统的文字主题元素的同时也兼顾了现代人的视觉审美。

1628年是品牌创立时间，作为品牌背书传递张小泉近400年来不平凡的发展历程，不忘初心，坚守传承，未来还将继续。

金色的“泉”字徽标是张小泉金色招牌的有力证明，灵感来自剪纸工艺和刀刃的弧形，该徽章以金色系搭配，是Logo整体的点睛之笔，通过中国传统色彩寄予消费者的美好愿望。在稳重和典雅兼具的设计中，既保有了老字号的精神内核，又符合“Z时代”的审美时尚，做到了守正与创新。

作为“以人为本”的国货品牌，张小泉一直秉承“良钢精作”的祖训，所以在2022年张小泉第八次标识优化的时候，不只是在品牌视觉方面进行了焕新，还将彰显张小泉品牌形象的祖训和现代年轻消费者追求的匠心铸美体现在Logo中，进一步体现品牌本质。

无论品牌Logo如何变迁，老字号的价值正是在于秉持匠心、臻于至善，坚持对品质的极致追求，因而具备旺盛的生命力。

一、品牌标志的内涵

标志的英文为Logo，Logo是希腊语“Logos”的变化。标志是一种具有象征性的大众传播符号，以精炼的形象表达一定的含义，并借助人们的符合识别、联想等思维能力，传达特定的信息。对消费者而言，标志符号不仅承载着识别与沟通的功能，还象征着品牌的声誉与承诺。通常，完整版的标志是由图形符号、标准字、标准色与品牌标志物构成的。

（1）图形符号：是由平面图形构成的具有识别性的符号。

（2）标准字：经过自行设计，用于表现企业名称或品牌名的字型。

（3）标准色：是指经过设计后被选定的代表企业形象的特定色彩。

（4）品牌标志物：又称为品牌卡通形象、品牌吉祥物或品牌象征物，是指采用人或其他生物的形象来作为一种特殊的品牌象征符号。

微课 4-2

国内标识的起源和历史发展

二、品牌标志的作用

品牌标志的作用主要体现在以下三个方面。

第一，引发消费者的品牌联想，尤其是使消费者产生有关产品属性的联想。例如，康师傅方便面的胖厨师使人联想到厨房里的活色生香和煎炒烹炸，增进食欲，如图4-4所示。

图4-4　康师傅标志

第二，引起消费者的兴趣，使消费者产生喜爱的感觉。例如，Hello Kitty歪戴蝴蝶结的无嘴猫（如图4-5所示），标志形象可爱、易读易记，容易使消费者产生好感。

图4-5　Hello Kitty标志

拓展阅读 4-8

商标设计的法律要求

第三，帮助公众识别品牌，标志往往比名称更能发挥识别作用。例如，在车流汹涌的马路上，很容易通过各种车标识别汽车；又如，在商品琳琅满目的货架上找到了鸟巢和两只小鸟就找到了雀巢咖啡，如图4-6所示。

图4-6　雀巢咖啡标志

资料来源　北标知识产权 http：//www.beibiaogroup.net/sbsj/45.html.

三、品牌标志的形式

品牌标志的形式主要可分为图形型标志、文字型标志及综合型标志三种类型。

（一）图形型标志

图形型标志是用各种手法处理过的抽象图形、具象图形来表示的标志。它将品牌的内涵性因素以图形化的语言表现出来，具有形象生动、便于传达、易于识别记忆的特点。抽象图形标志是用高度提炼、简化的图形或几何形态来表达品牌的意义或概念，用夸张、变形的手法表达品牌的理念和特质，它具有设计自由度大、信息容量大以及个性化特征突出的特点，是现代流行的设计形式。

【拓展阅读4–9】

壳牌石油的英文名称“Shell”有一个寓意是“蚌壳”，因此，标志设计运用了谐音和隐喻的方法，画上一幅贝壳图，就成了一个天衣无缝的Logo。图案上的红色代表能源所产生的热烈氛围，而黄色底子则象征能源所带来的普照光明。设计者更把贝壳的扇形化成太阳光线的四处辐射，喷薄而出的景象，平添了Shell能源产品无边无界，穿透万物的意向，如图4–7所示。

图4–7 壳牌石油标志

（二）文字型标志

文字型标志也是一种常用的表现手法，具有可读性强的特点，往往能直接传达品牌的相关信息，在设计中尤其强调字体的独特和专有性。文字型标志通常有两种形式：一种是词或词组构成的，它具有表意性强、便于朗读记忆的特点；另一种为词首字母或汉语的第一个拼音字母构成的，具有形式简洁、便于记忆的特点。由于文字型标志简明直接的特点，可口可乐Coca–cola、戴尔Dell、西门子Siemens、佳能Canon（如图4–8所示）以及联想、美的、夏普（如图4–9所示）等，都采用这种形式。

图4–8 佳能公司标志

图4-9　夏普公司标志

（三）综合型标志

综合型标志是文字标志与图形标志优势互补的产物，由于集合了视觉传播和听觉传播两者的优势，因此它具有表意明确、内涵丰富、便于识别、易于记忆的优势，在现代品牌标志设计中被广泛采用。例如，宝马的标志为蓝白相间的螺旋桨图案，BMW是巴伐利亚汽车制造厂的意思，如图4-10所示。劳力士最初的标志为一只伸开五指的手，它表示该品牌的手表完全是靠手工精雕细琢的，这个造型还是比较相关的，后来才逐渐演变为皇冠的注册商标，用来表示其在手表领域中的霸主地位和帝王之气，如图4-11所示。

图4-10　宝马品牌标志

图4-11　劳力士品牌标志

【拓展阅读4-10】

乐百氏的标志由方块汉字“乐百氏”与流线形英文“ROBUST”组合设计而成，如图4-12所示，简洁而和谐，紧凑而富有节奏感，线形的流畅与造型的突破透出浓郁的现代感，融东方传统文化与西方现代设计于一体，生动形象地传递出乐百氏的文化理念——乐、百、氏三字连体设计既表达企业将健康、欢乐与大众紧密相连，又传输了乐百氏与大众共存共荣、共创健康生活的信念与理想。标志中方块汉字“乐百氏”以方指地而寓实，表达乐百氏踏踏实实的作风；圆线体“ROBUST”以圆指天而寓变，表达乐百氏永不满足的创新精神；标志的方、圆结合指合乎规矩，寓含继承传统与遵循规范之意，“S”的出位设计则透射出现代设计气息亦是突破的再现。置身于现代社会的乐百氏深信，中华民族的优良传统是我们取之不尽的精神宝库，只有尊重和继承传统才能真正实现超越而傲立现代社会的潮头，只有在规范中追求突破才能在日新月异的世界中立于不败。“T”横笔向右的“无限”延伸之势既让标志不失平稳，又输出乐百氏稳健发展与永续经营的思想，同时，给乐百氏留下无穷的想象、发挥和创造空间。标志的标准色红与绿象征健康、活力、热情、生命与希望。

图4-12 乐百氏品牌标志

四、品牌标志的设计法则

消费者对品牌的第一印象通常来自标志。世界上很多杰出的品牌标志的设计都是独具匠心的，或者说杰出的品牌标志设计有助于品牌成为经典，它能使消费者眼前一亮，能使品牌历久弥新，从而成为品牌极为重要的资产。

（一）品牌标志设计要遵循美的法则

作为一种有形的存在，标志首先是一种图案。图案的美来源有二：一是形式美，二是寓意美。作为一个企业或者品牌的代表，标志是一种视觉艺术，要符合美学原理，符合人们的审美情趣，作为品牌精神的载体，标志还要融汇品牌的精、气、神，传达品牌的价值观。

☞拓展案例4-3

可口可乐标志是标志设计的经典之作（如图4-13所示），“Coca-Cola”的字体优美流畅、意态跃动、布局起伏，整个标志构图生动、形象、亲和、直观，具有强烈的吸睛效果。可口可乐的总裁宣称：即使可口可乐全世界所有的工厂在一夜之间被烧为灰烬，第二天就会有排着长队的银行家等着贷款给他们，因为在全世界消费者心中“Coca-Cola”这红白相间的设计和流线型字体已成为可口可乐的象征，由此可见，这个标志强大的号召力和影响力。

图4-13　可口可乐标志

☞拓展案例4-4

对“60后”而言，“永久”牌自行车可以说是家喻户晓。“永久”牌自行车诞生于1949年底。1957年，由著名画家、工艺美术大师张雪父设计了家喻户晓的“永久”牌标志，构思精准巧妙，将“永久”两个汉字变化组合成自行车的形态，形神具备，直观明了，对“永久”品牌的传播和推广起了很大的作用，堪称标志设计的经典，如图4-14所示。随着时代的变迁，自行车日渐势弱，永久自行车于2010年推出全新品牌“永久C”，如图4-15所示。“C”包含“中国（China）”“经典（Classic）”“都市（City）”“多彩（Colorful）”“自行车（Cycle）”“文化（Culture）”诸多含义，目标消费者群体定位为自由、独立、环保、热爱生活、百无禁忌的“轻客”。

图4-14　永久标志

图4-15　永久C标志

（二）品牌标志要准确表达品牌的特性

标志设计一定要准确表达品牌特征，必须与它所代表的含义有连接，体现产品的特性和品质，对标志功能性的要求应该高于对其创新性的要求。在设计标志之前，要想想看谁要看这个标志，也就是这个标志所面对的人群，从而决定标志的布局、字体和图案。将摩托罗拉和麦当劳的标志进行对比，由于品牌名称开头都为大写的M，所以标志设计均采用了“M”，但是由于摩托罗拉是高科技企业，所以M

的线条外直内曲、顶部尖锐、棱角分明，构图严格对称，蕴含着一种秩序、尖锐、突破，让人产生尖端、高科技的感觉，如图4-16所示。而麦当劳的“M”线条柔和、顶部圆润，形态温软，让人看见就想起了黄澄澄、香气四溢的大汉堡，它代表着麦当劳的美味、干净、舒适，给人带来祥和、快乐的感觉，如图4-17所示。

图4-16　摩托罗拉手机标志

图4-17　麦当劳标志

☞拓展案例4-5

中国农业银行标志解读

中国农业银行现在使用的标志是于1988年11月1日启用的。中国农业银行标志图为圆形，由中国古钱和麦穗构成。古钱寓意货币、银行；麦穗寓意农业，它们构成农业银行的名称要素。整个图案成外圆内方，象征中国农业银行作为国有商业银行经营的规范化。麦穗中部构成一个“田”字，阴纹又明显地形成半角，直截了当地表达出农业银行的特征。麦穗芒刺指向上方，使外圆开口，给人以突破感，象征中国农业银行事业不断开拓前进。行徽标准色为绿色。绿色的心理特性是：自然、新鲜、平静、安逸、有保障、有安全感、信任、可靠、公平、理智、理想、纯朴，让人联想到自然、生命、生长；绿色是生命的本原色，象征生机、发展、永恒、稳健，表示农业银行诚信高效，寓意农业银行事业蓬勃发展（如图4-18所示）。

图4-18　中国农业银行标志

（三）品牌标志要有自己的个性

出于易于识别和记忆的要求，品牌标志必须具有区别于其他标志的差异化的个性特征。只有具备了富有创意的构思与新颖的表现形式，标志的形象才易于被受众注意和接受，品牌信息才能取得良好的传播效果，最终使这一视觉符号成为品牌的象征。

☞拓展案例4-6

保罗·兰德于1956年设计出了IBM蓝色标志，采用的是一种通常很少采用的、20世纪30年代的打字机字体，这种几何图案式的、一板一眼、带衬线的粗重字形，稳健而又平静地传达着IBM希望展现的值得消费者信任和不可动摇的力量。1972年，保罗·兰德对标志进行了最后一次大的更新，也就是我们今天看到的条纹型标志，三个大写字母，每个都由8根平行的蓝条拼成，用来表示“速度与活力”，如图4-19所示。

图4-19　IBM标志

（四）品牌标志设计要繁简适度

中国有句成语，叫“画龙点睛”。标志如同品牌的眼睛，越是简单和纯粹，就越容易被辨识和记住，因此，标志要尽量简洁明了。设计标志时要尽量做到以下几点：摒弃完全没有必要的元素；图案简单、外观平衡；字体最好不要超过2种；色彩最好不要超过3种；一般不要采用某些特色效果（例如阴影、反光、水纹、金属等）；如果品牌的名称很容易记忆，就将品牌名称作为标志。

☞拓展案例4-7

耐克的对钩，可以说是最简单的标志之一，也是世界上认知度最高的标志之一。NIKE这个名字，在西方人眼光里很是吉利，易读易记，很能叫得响。耐克鞋的标识是“Swoosh”（意为“嗖的一声”），如图4-20所示，对钩造型简洁有力，让人一看就想到穿戴耐克后所产生的速度和爆发力。

图4-20 耐克Swoosh标志

在当前“简就是多”“少就是美”的品牌设计趋势和潮流下，有一些企业将标志设计进一步复杂化和精致化，从而更突出品牌丰富的内涵，提升品牌的层次。例如，联合利华公司认为原有标志不足以体现公司的抱负，与产品形象也不相吻合，因此，在2004年9月采用新的公司标志（如图4-21所示），新标志更为艺术化，更强调天然、健康、美丽、快乐等寓意，更符合品牌的定位和产品的品类。

旧 Unilever　　新 Unilever

图4-21 联合利华新旧标志对比

（五）品牌标志设计要选对色彩

“先色夺人”是设计师常说的，生活在五颜六色世界中的人们，对色彩的反应比对形状的反应更为敏锐和直接，情感更容易被色彩激发，如黄色能让人感觉愉悦、黑色使人压抑。每个色彩都能产生不同的联想，在我国色彩的基本内涵见表4-3。

表4-3 色彩的基本内涵

色彩	联想	内涵
红色	太阳、鲜血	热烈、刺激、活力、激动、温暖
黑色	黑夜	寂静、庄重、深沉、肃穆、恐怖
白色	雪	单纯、洁白无瑕、干净
黄色	稻谷、黄金	权威、希望、快乐

续表

色彩	联想	内涵
青色	湖泊	凉爽、恬静
灰色	雾	平凡、温和、忧郁
蓝色	海洋、天空	广阔、远大、未来
绿色	大自然	自然、生命、健康、和平

在进行标志色彩设计时，要注意：一方面，色彩要尽量悦目不刺眼，同时避开暗黑沉闷的色彩；另一方面，色彩要符合行业特征，适应产品的特点。例如，绿色能传达清爽、理想、希望、生长的意向，符合服务、环境保护、纺织、卫生保健等行业的诉求，星巴克、路虎、HTC、约翰迪尔、安卓的标志均采用了绿色。以约翰迪尔公司为例，独特的绿色与黄色的小鹿搭配，使得它与竞争对手区别开来，独树一帜，如图4-22所示。

图4-22　约翰迪尔标志

（六）品牌标志设计要适合传播

传播是标志的重要目的，因此标志应该可以适用于不同的载体和媒介，除了适应商品包装及装潢外，还要适合电视传播、霓虹灯装饰、建筑物及交通工具等，并且与各种工艺制作及有关材料相匹配，包括各种压印、模印、丝网印和彩印等，在任何使用条件下确保其清晰可辨。

（七）品牌标志设计要保持一定的规范性

对确定下来的标志要加以规范化、标准化管理，以便在运用过程中能够实现规范化作业，从而确保品牌视觉识别系统的一致性。在标志的设计中，除了正常尺寸外，放大和缩小都要严格按照一定的规范。对标志的组合、色彩、字体的选用等都有严格的标准，对标志的使用场合也应有具体的规定。

（八）品牌标志设计要与时俱进

保持标志的规范性和一致性，从而能对受众形成强有力的、明确的刺激，但是由于市场不停变化、目标受众价值取向不断调整以及技术不断进步，当标志所反映的内容或风格与时代节拍和品牌变革不再吻合时，对标志也要进行相应的调整和更新。标志的调整与更新要注意保留标志的根本性特点，通过符合潮流性与时代感的表现手法的运用，原标志能够焕发新的光彩。这样既能符合受众新的审美需求，又能充分利用品牌标志原有的识别与认知优势。

阿里云为了满足公司在全球市场的发展需要，采用更加通用的代码语言Logo，降低海外用户对Alibaba Cloud的认知成本，如图4-23所示。阿里云的新Logo是从计算出发。“［ ］”来自代码中常用的符号，代表计算；中间的“－”代表流动的数据。代码是无国界的通用语言。新Logo的设计灵感从代码中来，代表着阿里云从服务中国到服务全世界的梦想。

图4-23 阿里云新旧标志的对比

阿里云品牌标志的主色是深沉的星空灰，代表技术的专业能力，沉稳、内涵、低调、简约，且包容万物。新Logo的字体有着优美的比例，看起来饱满且富有个性，配合Logo图形特点进行有针对性的优化，与新Logo的图标相得益彰。新Logo的长宽以黄金比例进行构造，达到视觉上的完美体验。圆弧形内外围的结合，强调着包容性带给品牌更多的价值。上下两端的开口，则象征品牌向外界打开平台从而创造更多的价值，而斜角代表开拓与创新的思想。“—”从左至右作匀速移动，顶端从边界B消失时，立即从边界A出现，形成右边无界的循环，速度为27x/s，是一个适合视觉的移动速度。整体标识内部呈现出一个平扁陀螺的形态，寓意高速运转的同时也将带来稳定。阿里云中英文新标志如图4-24所示。

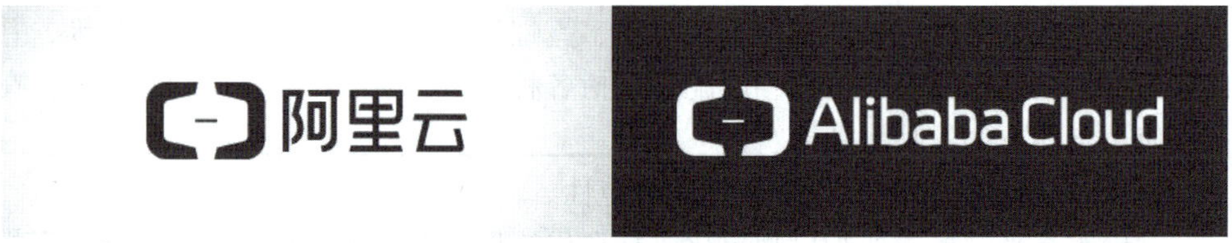

图4-24 阿里云中英文新标志

（九）品牌标志设计要入乡随俗

不同的国家、地区和民族，有不同的风土人情，对文字、图形、颜色有不同的偏好和禁忌，因此为出口商品设计品牌标志，应注意入乡随俗，与当地的社会文化传统相适应，不要违背当地的风俗习惯和各国的宗教信仰，特别是要注意不要犯了当地的忌讳。

【拓展阅读4-11】

标志禁忌

瑞典国旗的主色为蓝色，该国禁止将蓝色用于商标，如果用蓝色商标就会被认为是对他们国家的不尊重，自然就难以获准注册；

阿拉伯国家忌用黄色商标；

法国忌用黑桃图案的商标，采用这一图形的商标将不能获准注册；

意大利忌用菊花图案的商标；

日本人不接受将菊花的文字和图案用于商标；

拉丁美洲国家也忌讳采用菊花图形的商标；

澳大利亚忌讳用兔的图形作商标；

西方国家忌讳用黑猫的图形作商标；

印度以及阿拉伯国家禁用猪的图形作商标；

伊斯兰教国家对违反伊斯兰教传统和教义的标志都不准用于商标；

使用英语和英属国家忌讳用大象的图形作商标，因担心消费者不欢迎，这些国家的代销商不敢购进以大象为标志的产品；

在印度，玫瑰花作为悼念品，不能将玫瑰花图案用于商标；

非洲一些国家禁忌熊猫图形；

阿拉伯国家和信奉伊斯兰教的国家和地区不准以六角形图案为商标的商品进口，雪花图形是六角形，也不能用于商标；

英国忌讳山羊图案，与山羊图形有关的商品肯定不受该国消费者欢迎；

芳字的汉语拼音为Fang，在英语中Fang的意思为毒蛇牙或狼牙，会使人感到不快；

在英语中，Cock（雄鸡）一词有不好的隐喻，以雄鸡作为商标影响不佳；

三角形是国际上通用的警告性标志，捷克人以红三角为有毒的标记，而在土耳其绿三角表示免费的用品，这一图形也应慎用。

资料来源　佚名.商标设计的几大原则［EB/OL］.［2018-01-04］. https：//www.sohu.com/a/214561934_639202.

（十）标志的设计应遵守法律法规

世界各国都有自己相关的法律与法规，标志设计必须遵守商品销售地区的法律法规，很多国家在这方面法律、法规非常完善和规范。我们在国际市场上销售商品时，就必须认真研究当地的法律与规范，不能随心所欲，不能只片面追求工艺性和艺术性，应避免当地的禁忌；要符合国际惯例，以便向有关部门申请注册，取得商标的专用权与合法的国际及国家的流通身份。

【拓展阅读4-12】

《中华人民共和国商标法》——下列标志不得作为商标使用

（一）同中华人民共和国的国家名称、国旗、国徽、国歌、军旗、军徽、军歌、勋章等相同或者近似的，以及同中央国家机关的名称、标志、所在地特定地点的名称或者标志性建筑物的名称、图形相同的；

（二）同外国的国家名称、国旗、国徽、军旗等相同或者近似的，但经该国政府同意的除外；

（三）同政府间国际组织的名称、旗帜、徽记等相同或者近似的，但经该组织同意或者不易误导公众的除外；

（四）与表明实施控制、予以保证的官方标志、检验印记相同或者近似的，但经授权的除外；

（五）同“红十字”、“红新月”的名称、标志相同或者近似的；

（六）带有民族歧视性的；

（七）带有欺骗性，容易使公众对商品的质量等特点或者产地产生误认的；

（八）有害于社会主义道德风尚或者有其他不良影响的。

县级以上行政区划的地名或者公众知晓的外国地名，不得作为商标。但是，地名具有其他含义或者作为集体商标、证明商标组成部分的除外；已经注册的使用地名的商标继续有效。

任务三　品牌其他元素设计

☞导入案例

2021年6月3日，蜜雪冰城官方账号在B站发布了中文主题曲MV。随后，凭借“略显土味”的画风、直白的歌词和简单轻快的旋律，火速席卷全网，让网友直呼“上头”。蜜雪冰城官方继续“趁热打铁”，陆续在B站、抖音、微博等平台发布多语种版本，使得蜜雪冰城成为名副其实的“六月当红炸子鸡”。

蜜雪冰城发布的中文主题曲MV只有短短的25秒，以美国乡村民谣《哦！苏珊娜》为基础曲调进行创作。画面中可爱的“雪王”与其女朋友“雪妹”（“蜜雪冰城”品牌形象）以不同的造型出现在充斥着卡通元素的屏幕中伴随“魔性”重复的BGM跳舞。看似平平无奇，却让B站网友刷了一遍又一遍，起到了让网友直呼“再也忘不掉”的宣传效果，称得上是新一代网络“神曲”。

成功品牌经久不衰的原因之一是它们的品牌要素在消费者心目中留下了烙印。

品牌元素，大家最熟悉的就是品牌名称和品牌标志，但其实品牌元素不限于这两个，还包括品牌口号、品牌广告曲等其他元素，这些元素对品牌的打造也至关重要。

一、品牌口号

一想到农夫山泉，大家都能脱口而出那句“农夫山泉有点甜”，其实除了这句，其他的广告语也朗朗上口，引发思考，如“我们不生产水，我们只是大自然的搬运工”，尽管口号一再改变，但不变的是对健康品质的追求。

品牌口号是用来传递有关品牌的描述性或说服性信息的短语，常出现在广告中，有一些品牌口号也印在包装上。品牌口号可以宣传品牌精神、反映品牌定位、丰富品牌联想、清晰品牌名称和标识等。例如，洋河的“比天空更博大的是男人的情怀”都让我们产生丰富的联想。

我们在设计品牌口号时应该遵循以下几个原则。其一，易识记和易区分，体现独特性和可记忆性。比如，M&M巧克力的“只溶在口，不溶在手”，具有独特性。其二，与品牌建立联系，强化品牌与口号间的关联。比如，中国东方航空公司的“东航，让旅行更精彩”，就在口号中融入了品牌名称。其三，可以与产品类别有关，也可以无关。如果品牌带给消费者的利益很具体，则可以在口号中反映品类信息。例如，美加净的“真情　真美　美加净”，就反映了护肤品这个品类。但是，如果品牌带给消费者的利益较为抽象，则不必在口号中涉及品类信息。例如，李宁的“一切皆有可能”就与品类无关。其四，可以采用多种语言修辞风格。使用修辞风格的口号会更引人注目、令人过目不忘。例如，脑白金的口号“今年过节不收礼，收礼还收脑白金”就运用顶针的修辞手法。其五，适时更新品牌口号，这是品牌发展过程中的必然选择，但是更新品牌口号在使品牌朝气蓬勃的同时，也有可能给消费者造成困难。建议做适当修改，使旧口号的品牌资产延续下来。

微课 4-3

品牌其他元素

二、品牌广告曲

品牌广告曲用音乐的形式描述品牌，是一种被延伸的品牌口号。品牌广告曲的可转换性高。它常以广告的形式进行传播，例如，蜜雪冰城的一首“你爱我，我爱你，蜜雪冰城甜蜜蜜”广告曲在抖音、快手等各大短视频平台走红，凭借着“魔性”的音乐，成功“出圈”。品牌广告曲有时也会镶嵌在产品中，直接和使用者接触，例如，微处理器英特尔的音乐伴随电脑的开机而悠扬响起。

广告曲作为一种被延伸的品牌口号，它朗朗上口，易于识别，因此在提高品牌知名度、增加品牌联想等方面也很有优势。但广告曲也有一些不足，它较为抽象，与产品关联较弱，也容易淡化品牌名等。因此，建议企业在制作广告曲时将品牌名称融入歌词中，避免消费者“只知其曲，不知其名”。

三、品牌形象代表

一想到迪士尼、海尔、米其林轮胎、肯德基、京东，大家就会对应想到米老鼠、海尔兄弟、米其林先生、山德士上校、京东小狗等品牌形象。品牌形象代表，本质上属于品牌标志，是品牌形象的传递者，常来源于虚拟形象或现实人物原型。品牌形象代表有助于建立品牌认知、增强品牌的可爱性和情趣体验，易于跨文化和跨品类进行转换。

我们在塑造品牌形象代表时，应遵循以下原则：一是不能喧宾夺主，品牌名称始终是最重要、第一位的，品牌形象代表能为名称增色而不能让名称黯然失色。大白兔奶糖的形象代表是可爱的兔子，与之相比，“大白兔奶糖”五个字在标志中也占不小的空间。二是文化特质很重的形象代表可转换性低，不含有特定文化色彩或文化色彩较淡的形象代表适用性高。比如，中国长城是中国文化的强有力代表，作为形象代表用在茶叶等有历史渊源的产品类别中是比较适宜的，但是如果用到手机等充满现代气息的产品类别中，似乎就无法引起消费者的共鸣。三是品牌形象代表可以进行微调。对品牌形象代表进行适当更改，可以彰显品牌活力并减轻消费者视觉疲劳，也是为了适应当下的传播需求。例如，京东小狗图标的扁平化更适合在各种各样的媒介、包装等上传播。但是，无论品牌形象如何更改，品牌的“核心DNA”都需要传承。肯德基的山德士上校这一形象代表一直在微调，但高标准服务核心理念一直未变。

四、品牌包装

包装能为消费者创造方便价值，能为生产者创造促销价值。具体而言，好的包装可以充当品牌推销者、产生溢价、有助于消费者识别公司和品牌、强化品牌联想、保护知识产权等。

公司要设计出有效的包装，需要做好一系列工作。

（1）树立包装观念。包装同产品、价格、渠道、促销同等重要。

（2）完整理解包装要素。包装要素通常包括规格大小、形状、用材、色彩、文字说明以及品牌标识。

（3）测试新包装。在推出一款新包装时，通常要经过工程测试、视觉测试、经销商测试、消费者测试等，最终才能决定是否采用。

五、品牌URL

随着互联网的普及，各大品牌会注册专门网址，在网站上公布公司历史、文化、最新动态等信息。例如，亚马逊品牌旗舰店可以让各企业使用自有品牌URL，在亚马逊上展示品牌故事、使命和商品，提供沉浸式的购物体验。URL（Uniform Resource Locator）相当于一个窗口，能够激发顾客点击网站的好奇心、强化品牌认知。在设计URL时有三点值得注意：一是URL要独特。由于大量URL已注册，有时需要另辟蹊径、自造单词以便于与已有的URL相区分。二是防止非法使用。要严密监视公司的URL有无被非法使用，一旦发现非法使用者，公司就要及时采取法律措施。三是URL一般不宜进行改动。URL的作用如同品牌名，一旦更改就会切断顾客与品牌之间的桥梁。但是网站上的颜色、图片、线条等布局可以进行必要的改动，以避免消费者视觉疲劳和厌倦。

【项目总结】

在品牌形象构成中，品牌名称和品牌标志是最基本的元素。该项目通过对品牌命名原则、命名类型以及品牌标志的形式、设计的介绍，培养并提升学生的品牌名称及标志设计能力。其中，品牌标志的形式主要可分为图形型标志、文字型标志及综合型标志三种类型。除了品牌名称和品牌标志，企业还可以从品牌口号、品牌广告曲、品牌形象代表、品牌包装以及品牌URL等多元素入手，提升企业品牌形象。

【品牌名称设计实训】

【训练目标】

提升品牌名称设计能力。

【任务要求】

1.团队合作，每组有一个负责人。

2.产品选择，以学生创业的奶茶店为例进行命名。

3.命名分析，围绕命名六步骤开展实训。

4.交流汇报，展示小组成果。

【任务呈现】

以小组为单位提交Word/PPT作品，作品要涵盖品牌名称以及其蕴含的故事。

【任务评价】

评价指标	评价标准	分值	评估成绩	权重
品牌名称设计训练	1.按步骤开展品牌命名	25		70%
	2.名称要符合命名原则	35		
	3.团队成员分工合理	10		
	4.按时完成	10		
	5.汇报得当	20		
教学过程	出勤、态度和热情	100		30%
小组综合得分				

【自我检测】

自我检测答案

1.单项选择题

（1）三叉星圆环是奔驰车的（　　）。

A.品牌名称　　B.品牌标志

C.品牌象征　　D.品牌图案

（2）品牌标志设计要选对色彩，（　　）可以让人们联想到权威、希望和快乐。

A.黄色　　B.红色　　C.黑色　　D.白色

（3）（　　）是指在给品牌命名时，企业有必要考虑品牌名的保护性，最后采用注册商标名来给产品命名。

A.传播力要强　　B.亲和力要浓

C.保护性要好　　D.体力要强

（4）国窖1573的命名方向是（　　）。

A.历史文化方向　　B.品牌IP方向

C.企业理念和愿景方向　　D.消费场景方向

（5）（　　）是指有一些品牌，人们可以从它的名字一眼就看出它是什么类型的产品，如脑白金等。

A.好说、易传播　　B.好写、不生僻

C.易记忆　　D.体现产品属性

2.多项选择题

（1）品牌命名的常用方法包括（　　）。

A.用企业名称命名　　B.用产品功能命名　　C.用数字或符号命名

D.用动物、植物命名　　E.用人名命名

（2）以下属于动物名称命名的有（　　）。

A.小天鹅　　B.苹果　　C.七匹狼

D.鳄鱼　　E.田七

（3）品牌标志的设计流程包括（　　）。

A.调查分析　　B.要素挖掘　　C.设计开发　　D.标志修正

（4）品牌命名的方向包括（　　）。

A.功能卖点方向　　B.产品属性方向　　C.情绪体验方向

D.用户形象方向　　E.消费场景方向

（5）互联网品牌的命名方式有（　　）。

A.用动物命名　　B.叠字　　C.口语　　D.用植物命名

3.判断题

（1）品牌命名尽量不要用生僻字和难读字。（　　）

(2) 企业标准色是指经过设计后被选定的代表企业形象的特定色彩。 (　　)

(3) 互联网时代，命名更追求口语化，好读好记，朗朗上口。 (　　)

(4) 色彩能给人不同的感觉，传达不同的情感。 (　　)

(5) 品牌标志应保持不变，不要进行调整。 (　　)

项目五　品牌战略制定

☞思维导图

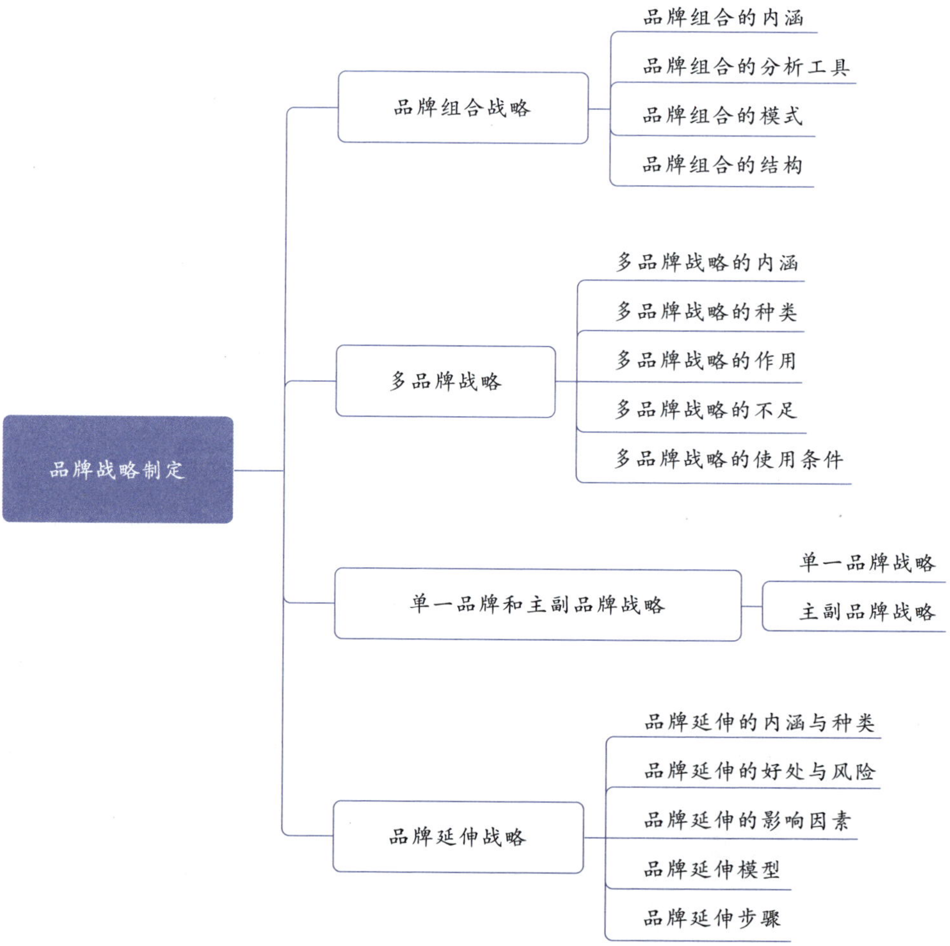

☞学习目标

□ 知识目标：

1.掌握品牌组合的内涵及组合模式；

2.了解多品牌战略的内涵及其作用；

3.掌握多品牌战略的不足及使用条件；

4.了解单一品牌和主副品牌战略的内涵；

5.掌握品牌延伸的内涵及其作用。

□ 能力目标：

1.能执行多品牌战略；

2.能执行品牌延伸战略。

□ 素养目标：

培养学生的辩证思维。

□ 任务分解：

任务一：品牌组合战略

任务二：多品牌战略

任务三：单一品牌和主副品牌战略

任务四：品牌延伸战略

引导案例

对娃哈哈品牌延伸之路进行反思

面对企业产品、业务的多元化，品牌战略如何实施？是多种产品一个品牌，还是一种产品一个品牌？决策的背后是企业应清楚认识到每一种战略的优劣性，从而做出适合企业自身发展的最佳选择。

任务一　品牌组合战略

☞导入案例

蒙牛锚定“要强”精神　以长期主义打造百年品牌

自1999年诞生以来，蒙牛以长期主义精神致力于建设中国乳企的百年品牌。蒙牛从成立之初到如今拥有6大品类、700多款单品，打造了特仑苏、纯甄、每日鲜语等一批脍炙人口的品牌，产品畅销东南亚、大洋洲、北美洲等世界各地，位列全球乳业八强，实现了从“草原牛”到“世界牛”的飞跃。品牌跃升的背后，是蒙牛对于品牌精神的长期坚守。“天生要强”的品牌精神，贯穿了蒙牛二十多年发展的全过程。不论是“特别能吃苦、特别能战斗、特别能攻关、特别能奉献”的载人航天精神，还是“更高、更快、更强、更团结”的体育精神，蒙牛“天生要强”的品牌精神都与它们对标。

一、品牌组合的内涵

品牌组合英文名为“Brand Portfolio”，其中“Portfolio”一词原用于定义金融领域的投资组合。品牌组合是指企业出售的每一特定品类产品所包含的品牌和品牌线的集合。品牌组合的基本问题是构成问题，即增加品牌还是减少品牌，是采用独立品牌还是应用子品牌？制定品牌组合战略的目的是对有限资源进行合理分配，取得多品牌协同价值最大化。

二、品牌组合的分析工具

微课 5-1

什么是品牌组合

品牌架构（Brand Architecture）回答的是一个企业需要多少个品牌以及品牌之间是什么关系的问题。

品牌架构图是个有用的图形工具，通过展示企业的产品拥有的共同和特殊品牌元素的数量及种类，来描绘出企业的品牌战略，并清晰地展现品牌元素的结构。

搭建品牌架构的基本前提是可以通过多种不同的方式对品牌进行塑造，这取决于有多少新的和既有的品牌元素可以利用，以及如何进行组合。

以蒙牛品牌为例，从顶端到底部最简单的层次，蒙牛的品牌架构如图 5-1 所示。

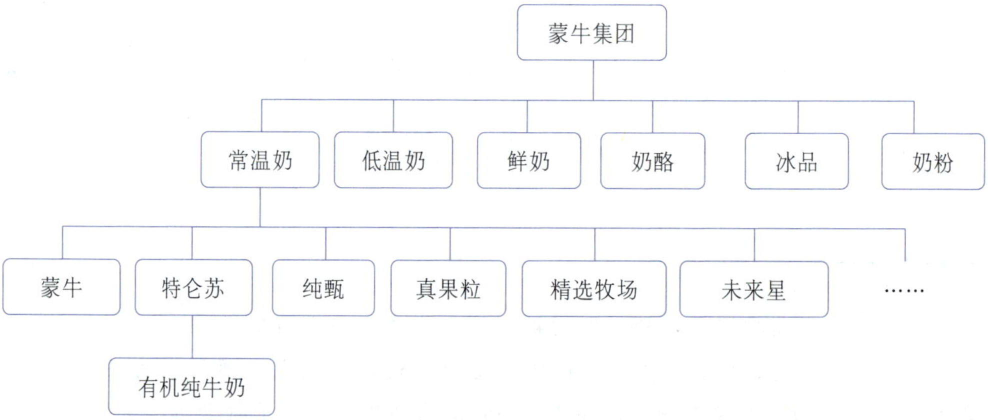

图5-1　蒙牛的品牌架构

三、品牌组合的模式

（一）产品品类与品牌结构

（1）多品牌模式，即企业对相同或不同的品类命名不同的品牌。

（2）单一品牌模式，即企业对所有产品业务都采用同一品牌。

产品品类与品牌的结构关系如图5-2所示。

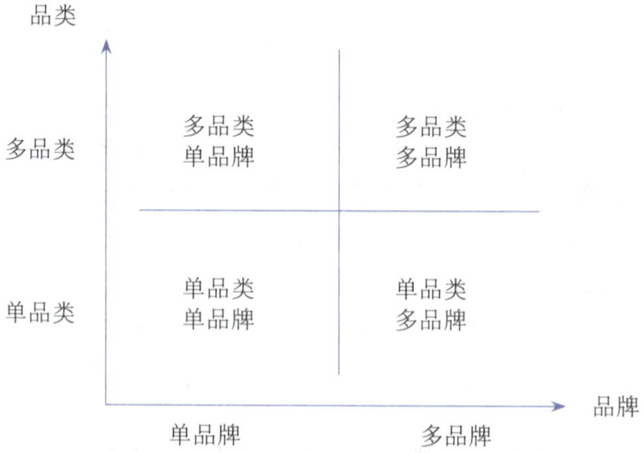

图5-2　产品品类与品牌的结构

（二）品牌延伸决策

1.母子品牌模式

母子品牌模式，即企业产品采用完全不同的子品牌运作，但所有子品牌又分享一个共有母品牌名称，其中母品牌指的是公司品牌或者集团品牌，而子品牌指的是归属于公司或集团所有的业务或产品的品牌。

2.主副品牌模式

主副品牌模式，即企业以一个主品牌涵盖企业的系列产品，同时针对不同产品建设副品牌，以副品牌来突出不同产品的价值定位和个性形象。

3.背书品牌模式

背书品牌模式是指一个已成功并在市场上享有较高声誉的品牌（背书品牌）通过其影响力来支持或推广另一个品牌（被背书品牌）的策略。例如，宝洁作为背书品牌，就为“潘婷”“汰渍”“舒肤佳”等提供了品质保证和信誉支持等。

四、品牌组合的结构

品牌组合结构是组合品牌之间的逻辑关系。基本的结构主要有两种类型：纵向结构和横向结构。

（一）纵向结构

品牌纵向组合体现了在品牌组合中的层级关系，它清晰地体现公司目前的品牌层次和组织架构。品牌纵向组合一般分为四个层级。

1.公司品牌（Corporate Brand）

公司品牌为最高层次品牌。当一个公司旗下拥有众多的子公司或事业部，此时的公司品牌就是指集团品牌。集团品牌之下可以有多个公司品牌。

2. 家族品牌（Family Brand）

由于公司规模扩张或业务发展，在公司品牌下有必要增加一个品牌层次，即家族品牌。

3. 单个品牌（Individual Brand）

单个品牌战略是指在产品层次上每个产品品类或战略业务都采用独立的品牌名的战略。虽然单个品牌只限于在某个产品类别或业务类别中使用，但这个品牌名下可以包含不同型号、不同包装或不同风格的多种产品系列。

4. 品牌修饰（Brand Modifier）

品牌修饰是指在某个品牌名下，为了区分不同的产品系列，将产品要素进行品牌化的品牌经营方法。

（二）横向结构

品牌横向组合指的是在同一品牌层级上不同品牌形成的集合，这些品牌有各自的身份和角色。一般而言，在品牌横向组合中存在以下几种品牌角色。

1. 旗舰品牌（Flagship Brand）

旗舰品牌一般又被称为主品牌，它是公司当前及未来一段时间内业务发展的核心支撑。旗舰品牌在每一个品牌层级并非只有一个，在有些公司内会出现“多辆马车并驾齐驱”的品牌现象。

2. 侧翼品牌（Flanker Brand）

侧翼品牌通常为旗舰品牌保驾护航，常常创造与竞争品牌更多的相似之处，以便使更重要的（或者更容易盈利的）旗舰品牌能保持其理想的竞争地位。

3. 现金牛品牌

现金牛品牌的销售额可能停滞不前或缓慢下滑，但它仍有一批忠实的消费者，能产生可观的现金流。企业拥有一定现金牛品牌，就拥有可观的当前收益或利润。

4. 弱势品牌

弱势品牌是指在发展过程中遗留下来的问题品牌或不再受消费者青睐的品牌。企业应该对此类型品牌做出精简处理，以便提高整个品牌组合的效益。

任务二　多品牌战略

☞导入案例

打造多品类，采用多品牌布局

伊利集团稳居全球乳业第一阵营，蝉联亚洲乳业第一，也是中国规模最大、产品品类最全的乳制品企业。随着冰淇淋、白奶、花奶等多品类业务的开展，伊利采用了“集团品牌+产品品牌”的多品牌战略，围绕伊利主品牌，形成以巧乐兹、金典、优酸乳等重点品牌领军的产品品牌群，如图5-3所示。

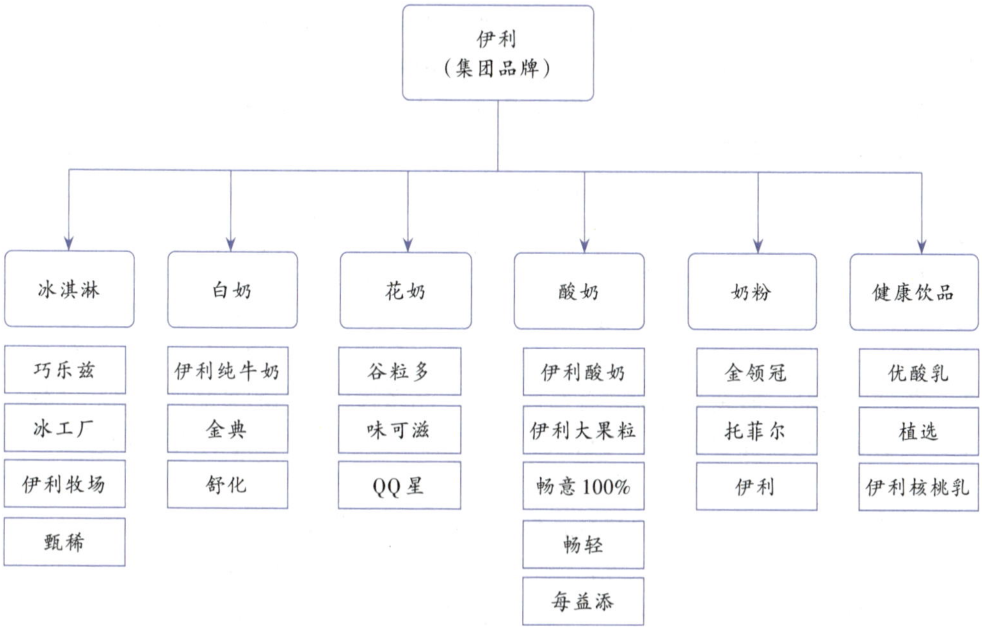

图5-3　伊利品牌布局

目前伊利旗下已有20多个品牌。

一、多品牌战略的内涵

多品牌战略（Multibrands Strategy），是指品牌企业对相同或不同的品类命名不同的品牌，以便通过差异化品牌之间的互补效应实现企业品牌资产的最大化。

与多品牌战略相对应的就是单一品牌战略（Integrated Brand Strategy），又称统一品牌战略或同一品牌战略，指企业成功推出一种品牌后，延伸至其他产品，生产的多种产品都使用统一品牌。单一品牌战略的典型特征就是企业的所有产品都共享一个品牌名称、一种核心价值、一套基本品牌识别。

二、多品牌战略的种类

多品牌战略有两类：一类是市场多样化导向的多品牌战略；另一类是产品多样化导向的多品牌战略。

（1）市场多样化导向的多品牌战略，是对同一产品品类在不同的市场细分采用不同的品牌。品类较少的行业，如家电、汽车等，容易倾向于市场多样化导向的多品牌战略。

☞拓展案例5-1

美国惠而浦公司（Whirlpool）对其家电产品实行多品牌战略。惠而浦集团的品牌包括：惠而浦，KitchenAid，Maytag，Consul，Brastemp，Amana，Bauknecht，JennAir，Indesit和Yummly。它们的目标市场、价格或渠道之间均有差异：KitchenAid是厨电品牌，产品范围从标志性的厨师机到丰富的厨房用具；Maytag以其洗衣机、干衣机而闻名；Consul是灯具空调类商标；Brastemp主要面向巴西市场；Amana品牌推出了全球首个对开门冰箱……

（2）产品多样化导向的多品牌战略，是对同一企业的不同产品品类或同一品类的不同品种采用不同的品牌。这类多品牌战略的着眼点是产品品类或品种的差异，用不同的品牌代表不同品类或不同品种的产品。品类或品种较多的行业，如精细化工、药品、食品、服装等行业，容易倾向于产品多样化导向的多品牌战略。试想一下，一家企业同时经营食品、化妆品、玩具等不同类别的产品，如果采用同一种品牌，就会给消费者带来认知上的混乱，难以形成统一的品牌形象。例如，尽管娃哈哈品牌拥有较高的知名度和美誉度，但是娃哈哈服装并没有获得成功，原因之一就是食品、服装产品类别相差太大，品牌辐射效应未能得到充分发挥。而顶新国际集团旗下拥有的知名品牌有康师傅、德克士、味全、全家（FamilyMart）等，分别隶属于方便食品、快餐连锁、饮品、便利连锁等各个事业领域。

☞拓展案例5-2

喜之郎、水晶之恋、CICI、美好时光、优乐美、开心时间，这一个个耳熟能详的品牌，都归属于同一家休闲食品企业——广东喜之郎集团有限公司。1998年，喜之郎集团推出了“水晶之恋”品牌果冻，以浪漫温馨和时尚的生活气息，成功将果冻这一传统观念里的儿童食品转变为青年男女传情达意载体的休闲零食。1999年，喜之郎集团乘胜追击，推出喜之郎CICI，成为首个“可以吸的果冻”，这一创新的果冻产品，在果冻市场掀起轩然大波，彻底“颠覆”了消费者对传统凝胶类果冻的固有认识，创造了果冻的新食用方式。2004年，喜之郎集团推出了“美好时光”海苔，折射出一种天然、健康、活力、阳光的美好享受的感觉。2007年，喜之郎集团又推出“优乐美”奶茶，意在突出年轻人追求优秀、快乐和美丽的天性。2013年，喜之郎集团推出“开心时间”，进军糖果、巧克力和饼干三大品类，赋予其亲情、共享、快乐的意义。

资料来源　佚名.喜之郎多品牌战略成效显著［EB/OL］.［2023-02-22］. https：//www.cqn.com.cn/cj/content/2023-02/22/content_8911250.htm.

三、多品牌战略的作用

美国著名品牌学家凯文·莱恩·凯勒（Kevin Lane Keller）教授在其所著的《战略品牌管理》一书中将多品牌战略对企业的作用归结为以下8点：填补空白市场、保护主力品牌、保留现金牛品牌、拉开差价、促进零售渠道、满足消费者多样化的需求、增强内部竞争、实现范围经济。

（一）填补空白市场

多品牌战略有利于填补企业现有品牌中的空白细分市场，由此提高市场覆盖率。单一品牌较难覆盖整个目标市场，因此会出现空白细分市场，而多品牌战略可以用增加新品牌的办法填补现有品牌尚未覆盖的空白细分市场或加强尚不具优势的细分市场。例如，乐高为了占领儿童市场，推出针对不同的细分市场的品牌：乐高针对年轻的男女；Duplo针对一岁半以上的孩童；Belville较少组合较多人物，适合六岁女孩；而Friends系列则抢攻女孩子市场。

☞拓展案例5-3

2008年印度塔塔汽车公司宣布，从福特手中以23亿美元的现金形式收购美国福特汽车公司旗下的捷豹和路虎两大豪华车品牌。长期以来，塔塔集团的产品是低价车的代名词，虽然在印度市场发展形势不错，但是在国际市场上，竞争力还远远不够。由于捷豹、路虎的产品研发被纳入了福特全球体系中，其平台、关键动力总成至今还掌握在福特集团手中，收购后，塔塔依然需要从福特购买。但是塔塔至少拥有了捷豹、路虎的设计团队，对提升其整车设计水平还是大有帮助的。此外，塔塔还拥有了将两大豪华品牌现有技术及车型转化为自有知识产权并在此基础上进行技术升级的可能。

（二）保护主力品牌

多品牌战略有利于保护主力品牌。在市场竞争中，单一品牌多少显得势单力薄，尤其在对手处于优势的细分市场，单一品牌几乎只能放弃争夺。从竞争博弈的角度看，多品牌比较有利，因为多品牌可以达到“田忌赛马”的效果：用上马（主力品牌）对中马，用中马（次主力品牌）对下马，用下马（非主力品牌）对上马。这样，用非主力品牌与对手的主力品牌竞争，可以避开对手的强势并消耗对手的实力，用次主力品牌压住对手非主力品牌（避免它们与我方主力接触以免无谓地消耗我方主力的实力），从而保护主力品牌的优势，取得总体上的胜利。日本精工手表的多品牌战略的意图：用不具有优势的Lassale品牌与劳力士等优势品牌在豪华表市场竞争，以牵制对手的主力；用次主力品牌Pulsar和Lorus与西铁城和Swatch等品牌在中档表和大众化表市场竞争，压住这些中低档品牌，以防止它们干扰精工主力，这样有效地保护精工的主力品牌Seiko在高档手表市场的相对优势。

【拓展阅读5-1】

主力品牌是指在企业的众多品牌产品中，该品牌产品具有最强的获利能力。

侧翼品牌是指企业为满足某一特殊的细分市场的需求而开发的品牌产品。

进攻品牌是指企业为防止市场上的廉价品牌对企业主力品牌造成冲击，向市场推出的一个或多个进攻品牌。

威望品牌是指企业为满足某一高端细分市场的产品需求而开发的品牌产品。

（三）保留现金牛品牌

多品牌战略有利于保留老的现金牛品牌。单一品牌战略只有通过新老交替才能完成新品牌的创立，这就容易损失老品牌的现金牛效应，即老品牌无需营销支持也能维持一定水平的盈利，而且老品牌的消费者不一定转向新品牌。而多品牌战略为保留老的现金牛品牌及其忠实用户、维持盈利提供了可能。

☞拓展案例5-4

吉列刀片的市场大部分都采用新的品牌Sensor，但老品牌Trac Ⅱ和Aka仍然有人使用。由于新老品牌的技术背景差距较大，放弃老品牌并不能使这两个品牌的老用户转向新品牌。

（四）拉开差价

多品牌战略有利于拉开差价和发挥差价的吸引力。单一品牌较难在同一品牌下在不同的品种、款式、规格之间拉开差价，不能用差价来吸引消费者。而多品牌战略为拉开差价提供了条件。在多品牌条件下，可以制定较大的品种差价、款式差价、规格差价、档次差价和性能差价等，并由此增强对消费者的吸引力。例如，当丰田打算进入北美豪华车市场时，推出了LEXUS这个品牌，因为“雷克萨斯”（LEXUS）的读音与英文“豪华”（Luxury）一词相近，使人产生该车是豪华轿车的印象，最终LEXUS成功打入北美、欧洲、亚洲、中东、拉丁美洲、非洲、大洋洲等地高级轿车市场。试想一下，如果当年丰田用原有品牌来生产高级轿车，能否取得如今的成功呢？

（五）促进零售渠道

多品牌战略有利于促进零售渠道。单一品牌较难增强零售商对品牌的依赖性，因为单一品牌在零售商可选择的供应商品牌中的比重比较小或者很小，单一品牌面临较大的被零售商抛弃的风险。而且单一品牌能占领零售货架的空间也比较小。而多品牌能增强零售商对品牌的依赖性，因为多品牌能有效地提高某一供应商的品牌在零售商进货品牌中的比重，换言之，多品牌供应商能具有对零售商的控制力，这是与单一品牌相比的一种垄断优势，而且多品牌供应商对零售商货架也有一定的垄断控制能力。

☞拓展案例5-5

可口可乐公司拥有20个年销售额超过十亿美元的品牌，其中包括健怡可口可乐、芬达、雪碧、零度可口可乐、酷乐仕维他命获得、POWERADE、美汁源、Simply、乔雅、Dasani、FUZE TE和Del Valle等。可口可乐为中国消费者提供超过15个品牌50多种口味的饮料选择，其系列产品在中国的每天享用量达到1.4亿杯。在中国的零售超市的货架上几乎摆满了可口可乐的产品。

（六）满足消费者多样化的需求

单一品牌无论怎么延伸，所包含的产品的多样性总是有限的，因此，难以进一步满足消费者多样化的需求。当消费者进一步的需求难以满足时，他们就可能转向其他企业的品牌。而多品牌可以大大增加产品的多样化。首先，每增加一个品牌，就增加一类个性，也就使与这类个性有关的消费者的需求可能得到满足。宝洁的洗衣剂就运用多品牌来满足消费者的多样化需求，占领不同的细分市场，如汰渍（Tide）强调洗净能力、奇尔（Cheer）注重的是各种水温均适合、波德（Bold）是号称含有衣物柔软剂的成分、达诗（Dash）标榜是浓缩洗衣粉。

（七）增强内部竞争

多品牌战略有利于形成和增强品牌企业的内部竞争。单一品牌缺乏内部竞争，因为单一品牌的企业内部一般实行统一集中管理，资源由企业进行统一配置，企业内部各部门、各分支机构缺乏独立的利益动力，而拥有独立的利益动力是它们之间开展竞争的充分和必要条件。多品牌企业的内部通常按不同的子家族品牌设立SBU（Strategic Business Unit），即品牌事业部。品牌事业部作为相对独立的SBU，拥有相对独立的利益动力（和风险责任），在不同的品牌事业部之间按外部市场的绩效配置资源和分配利益，这就激励品牌事业部在市场绩效方面开展竞争。宝洁公司说：最好的策略就是自己不断攻击自己，且同类产品的不同品牌之间适度竞争，这样能提高士气和工作效率，共同进步。对宝洁公司来说，与其让对手品牌向自己挑战，不如让自己的品牌向自己挑战，这样，无论谁获胜，都是宝洁的胜利。

（八）实现范围经济

多品牌战略的作用，从经济学理论讲，就是实现范围经济。范围经济，也称多产品经济，是指一家企业整合地生产多种产品的成本低于多家企业分别地生产多种产品的成本之和。范围经济产生的原因是：

（1）整体效应：多种产品整体生产的成本低于多种产品分别生产的成本之和；

（2）内部市场：多种产品在企业内部形成合理配置资源的市场机制或竞争机制；

（3）降低风险：多种产品增加企业的决策主体，由此获得更多的市场信息并提高理性决策的概率；

（4）以多应变：多种产品企业可以以多应变，增加利用发展机会和克服发展困难的可能性。

多品牌可以形成和增强内部竞争、降低企业的经营风险，还能使企业有更强的应变能力。比如，虽然某一品牌经营失误，但其余品牌经营成功，成功品牌带来的收益弥补失误品牌带来的损失，企业得以适时调整品牌结构，以降低风险。因此，多品牌比之单一品牌（假定无品牌延伸）的最大优势就是可以充分实现企业整体的范围经济。

四、多品牌战略的不足

（一）模糊核心价值

多品牌战略如果运用不当，就会不利于塑造企业在某一产品领域的整体形象，会导致在消费者心目中品牌核心价值模糊。

（二）品牌管理难度相对较大

多品牌战略涉及多个品牌，企业需要洞察多个细分市场消费者需求，才能实现有效推广，这大大增加了管理难度。

（三）成本较大

多品牌战略不仅管理难度大，而且增加了企业在品牌建设与推广等方面的成本，给企业造成了一定的成本压力。

（四）分散企业资源

不同的管理团队负责不同的品牌，会形成内部竞争，从而为各自品牌争取更多的资源，这实质上也就分散了企业的管理资源，容易造成内耗。

五、多品牌战略的使用条件

虽然多品牌战略具有多方面的优势，但并不是所有的企业都适合使用该战略，通常具备以下条件的企业更适合使用该战略。

（一）企业的财力雄厚

国际研究机构认为，在欧美市场成熟的环境下，创造一个新品牌，一年至少要2亿美元的广告投入，而且成功率不到10%。北京名牌资产评估公司研究得出，要在中国维持一个在全国已经有较大市场的品牌的影响力，每年平均要投入6 000万~8 000万元人民币，而要创造一个新品牌，则一年要投入1亿~2亿元人民币。因此，只有财力雄厚且品牌推广经验丰富的企业才比较适合选择多品牌战略。

（二）产品和行业的特点适宜

一般而言，消费者更注重个性化的产品适合采用多品牌战略，如生活用品、食品、服饰等日用消费品。而家用电器等耐用消费品更适合使用单一品牌战略，如格力、松下等品牌。这是因为消费者更关注耐用消费品的产品技术、品质等共性化形象。

（三）细分市场容量要足够大

多品牌战略实施的关键因素是细分市场的需求差异性，此时品牌细分市场容量将会影响到企业的决策。如果细分市场容量太小，企业所获得的市场份额太小，那企业获取的利润将难以弥补高额的推广成本。

（四）品牌应具有独特卖点

多品牌战略的本质是它是建立在消费者的差异化需求上的，那就要保证每一个品牌的产品都有其独特的个性和自己的定位，确保能满足目标消费群体的需求。

任务三　单一品牌和主副品牌战略

☞导入案例

康师傅不同品类的产品使用的都是康师傅这个主品牌加产品品类或康师傅主品牌加产品副品牌的家族品牌战略。例如，康师傅主品牌加产品副品牌的有康师傅3+2，康师傅每日C，康师傅食面八方等；康师傅主品牌加产品品类的有康师傅冰红茶、康师傅冰绿茶等。

一、单一品牌战略

（一）单一品牌战略概述

单一品牌战略是指企业生产经营的全部产品使用同一个品牌。使用同一个品牌的这些产品既可能是门类很接近的，也可能是差异很大、关联度很低的。如维京（Virgin）旗下有维京航空、维京快递、维京广播公司、维京铁路、维京可乐、维京牛仔裤、维京唱片等。

而松下公司将它的音像制品的品牌命名为Panasonic，家用电器的品牌定为National，立体音响的品牌定为Technics。

（二）单一品牌战略的作用

单一品牌战略下，所有的产品共用一个品牌名称，是将所有的品牌资产集中于一个品牌之上，通常会产生以下作用：

（1）有利于增强企业知名度，树立良好企业形象。各产品类别均采取统一的品牌名称，要比运用数十种个别品牌，更容易记忆。当品牌在某一产品市场创造了联想型与能见度时，单一品牌更能将综合效果发挥到极致，因为品牌在每一市场中的每一次曝光，都有助于能见度的提升，强化品牌的知名度。

（2）有利于降低产品的广告宣传和促销费用。企业只要对一个品牌做广告或其他促销活动，就意味着对该企业的所有产品都进行了宣传促销，尤其是在广告宣传费用在产品总营销费用中的比重越来越大的情形下，这个优势对企业具有非常大的吸引力。

（3）有利于新产品进入市场，缩短投入期。新产品最初进入市场时，消费者对它比较陌生，一般不愿意尝试或购买。如果新产品使用老品牌则可以消除这种不信任感，从而实现快速推广。尤其是当老品牌拥有很高的知名度与美誉度时，单一品牌战略更容易发挥更大的作用，促进新产品的销售。

当然事物都有两面性，单一品牌战略也会有以下负面效应：

（1）企业承担的风险大。由于各种产品采用统一品牌，一旦统一品牌下的某种产品“受损”，就将波及企业所有产品的形象和整个品牌的声誉，所谓“荣辱与共”，便是最真实的写照，因此要时刻维护好统一品牌形象。

（2）各产品均采用一样的品牌，容易忽视消费者的差异性，难以满足消费者多样化的需求。

（三）单一品牌战略的实施条件

单一品牌战略使企业更加专注和专业，有利于建立消费者对品牌的信任。但是为了避免该战略带来的负面效应，企业选择单一品牌战略时，需要考虑以下条件：

（1）要求这种品牌在市场上已经获得一定的信誉，具有较高的知名度和美誉度，并被消费者接受。

（2）采用单一品牌的各种产品在产品质量、市场价格和目标市场上具有一致性，即产品形象一致、市场定位一致。这也要求企业品牌不能进行无限制的过度延伸，从而影响到品牌自身形象。

二、主副品牌战略

微课 5-2

母子品牌、主副品牌

主副品牌战略是介于“一牌多品”和“一牌一品”之间的中间选择。主副品牌战略既可以有效避免品牌延伸的陷阱，又可以节约宣传费用。

（一）主副品牌战略概述

所谓主副品牌战略，是指企业在进行品牌延伸时，对延伸产品赋予主品牌的同时，增加一个副品牌的做法。主副品牌战略的具体做法是以一个成功品牌作为主品牌，涵盖企业的系列产品，同时，给各种产品设计不同的副品牌，从而凸显不同产品的个性。

例如，Buick 车的副品牌就包括 Roadmaster、Riviera、Skylark、Regal、Lesabre、Park Avenue，从而满足不同目标市场的需求。美团旗下，除了美团主品牌以外，还有美团外卖、美团民宿、美团优选、美团买菜等，它们各自有各自的品牌 Logo、各有各的诉求主张、各有各的 App 和小程序，业务和品牌经营独立运作，这些就是由“美团”主品牌进行驱动的副品牌。

【拓展阅读5-2】

“主副”品牌等于母子品牌吗？

这主要由品牌是否直接用于产品及认知、识别主体所决定的。如“海尔—帅王子冰箱”“三星—名品”彩电，海尔、三星是企业品牌同时也直接用于产品而且是产品品牌的识别重心。故“海尔”与“帅王子”“三星”与“名品”是主副品牌关系。

“通用”与“凯迪拉克”“雪佛莱”则属于企业品牌与产品品牌之间的关系，因为一般消费者对凯迪拉克认知崇尚主要是通过“凯迪拉克是美国总统座车”“极尽豪华”“平稳舒适如安全坐在家中”等信息而建立的。“通用”这一形象在促进人们对凯迪拉克的崇尚赞誉方面所能起的作用是很有限的。“顶新”与“味全”“德克士”“康师傅”，“P&G”与“飘柔”“海飞丝”“舒肤佳”也是典型的企业品牌与产品品牌之间的关系。

资料来源 作者根据网络相关资料整理.

副品牌如果使用得当，可以使消费者增进对公司与主品牌的联想，塑造产品的独特性，丰富主品牌形象，使主品牌看起来更具有差异性，更能吸引顾客。反之，使用不当，会导致消费者联想混乱，可能会对主品牌造成伤害，甚至消灭主品牌。

☞拓展案例5-6

Hershey是巧克力的品牌，在糖浆外包装上商标注明“来自巧克力的Hershey”，从而塑造了巧克力糖浆的主导地位，然而Hershey推出了Hershey粉红压缩包草莓糖浆，产品线延伸成功，但改变了Hershey的品牌联想。Hershey到底是巧克力还是糖浆？

（二）主副品牌战略的作用

主副品牌战略既可以像单一品牌战略那样实现优势共享，又可以通过副品牌表明产品之间的差异性，主要有以下几方面作用：

（1）主副品牌战略能够减少宣传费用。因为主品牌已经拥有了较高的市场声誉，新产品在进入市场时借助主品牌知名度可以实现快速推广，从而减少宣传费用。

（2）主副品牌战略可以凸显产品个性。通过为每种产品增加副品牌，可以显示不同产品的特色，使各种产品保持个性。比如，郎酒集团在“郎”牌的统一品牌下，设立青花郎、红花郎、老郎酒、郎牌特区等一系列副品牌，每一个单品都具有自己独特的品牌个性。

（3）有效的副品牌能反哺主品牌。副品牌的不断推出，可以提升主品牌的美誉度，强化主品牌核心价值，活化主品牌。

但是如果主副品牌战略实施不当，也会产生以下不良影响：

（1）过分宣传副品牌，容易喧宾夺主，从而淡化主品牌，动摇主品牌在消费者心中的地位，影响企业的发展。

（2）某产品的失败，会影响到主品牌的形象和信誉，从而影响到其他产品。

（三）副品牌在品牌推广中的作用

在实施主副品牌战略时，可选择将副品牌当作一种叙述性、推动性品牌，或是这两者的结合。副品牌在品牌推广中的作用见表5-1。

表5-1 副品牌在品牌推广中的作用

作用	只担任叙述性字眼	有举足轻重的推动作用	与主品牌的推动角色相当
主导推动品牌	主品牌	主品牌	主品牌+副品牌
范例	维京快递	康柏Presario电脑	吉列“感应系列”刮胡刀

（四）主副品牌战略的实施条件

（1）以较高的企业知名度为基础。当企业在市场上获得认可，品牌也有较高知名度时，则可采用主副品牌进行市场扩张。

（2）品牌传播以主品牌为主。在品牌传播过程中，企业应该重点宣传主品牌，强化用户对于主品牌的认可、信赖以及忠诚，从而最大限度地利用已有的成功品牌资产。

（3）副品牌应该直观、形象地表达产品的个性。主品牌往往不表述商品的功能、特质，副品牌则可以通过高度提炼，产生画龙点睛之效。

任务四　品牌延伸战略

☞导入案例

娃哈哈品牌从最初的儿童食品营养液已经延伸到十多个品类，包括果汁饮料、乳品饮料、饮用水、碳酸饮料、茶饮料、运动饮料、保健品、八宝粥、瓜子、方便面和童装等。大多数品类又各自延伸出少则3个多则10个以上的品种。如碳酸饮料又延伸到可乐、柠檬水、汽水等品种，其中副品牌“非常可乐”，让奥运会网球女双冠军做广告，“中国人自己的可乐——娃哈哈非常可乐”在各种媒体上出现，知名度迅速提高。现在，以娃哈哈冠名的果奶、八宝粥、燕窝、绿豆沙、清凉露、AD钙奶、第二代AD钙、平安感冒液、纯净水、非常可乐（系列）等产品，正在中国食品饮料市场迅速扩展。

一、品牌延伸的内涵与种类

1.品牌延伸的内涵

Tauber（1981）把品牌延伸定义为公司用消费者所熟悉的现有品牌，推出与公司现有产品类别不同的新产品，这样能够利用现有品牌在消费者心目中的认知或印象，顺利进入新的市场。

美国营销大师菲利普·科特勒认为，品牌延伸是指“把一个现有的品牌名称使用到一个新类别的产品上”。在这个概念中忽略了产品线的延伸。

美国品牌专家凯文·莱恩·凯勒对品牌延伸的定义是：“一个公司利用一个已建立的品牌推出一个新产品。”

我国学者卢宏泰教授认为，品牌延伸是指借助原有的已建立的品牌地位，转移用于新进入市场的其他产品或服务（包括同类的和异类的），以及用于新的细分市场之中，达到以更少的营销成本占领更大市场份额的目的。

本书综合以上观点，认为品牌延伸（Brand Extention）是指品牌企业用原有品牌为新的产品命名，其中新产品可以是同类的，也可以是异类的，同类的为产品线延伸，异类的为品类延伸。

品牌延伸就是将原品牌用于延伸产品。一个新产品可能在原材料、零部件、生产工艺、技术、价值链、产业链等方面与现有产品相同，而新产品只要在极小的一方面与现有产品不同，就可以看作现有产品的延伸产品。

2.品牌延伸的种类

品牌延伸有两类：产品线延伸和品类延伸。

（1）产品线延伸，是指现有品牌向同一品类的不同品种（或性能、款式、规格、档次等）的延伸。产品线延伸通常伴有副品牌的命名，即用副品牌表示线上不同的品种（或性能、款式、规格、档次等）。

因为同一产品线的产品面对的一般是同一消费群。因此，产品在功能和技术上往往有着内在的联系，目标消费群也往往是同一消费群体。例如，金利来系列男士用品在高收入男性阶层中备受青睐，为了最大限度地利用品牌资源，“金利来”陆续推出了皮带、皮包、钱夹、T恤衫、西装、领带、匙扣等男士服装和饰品。

优势：维持品牌形象，加深消费者对品牌的印象；利用消费者对品牌的信任，增加新产品机会；降低促销费用，促进规模经济。

劣势：抑制新产品开发；品牌延伸空间小。

（2）品类延伸，是指现有品牌向不同品类的延伸，是一种为了达到最大利用宣传资源，而把所有产品不论相关与否均使用同一品牌的扩张策略。例如，飞利浦公司生产的音响、电视、灯壶、手机等产品，都冠以同一品牌。

优势：加深消费者对企业和产品的印象；保护企业名称专有权。

劣势：降低品牌的影响力；不利于单一品牌的垂直延伸。

品牌之间的差异一般大于或远大于同一品类不同品种之间的差异，因此，品类延伸的难度一般大于甚至远大于品种延伸或产品线延伸。品牌的品类延伸相对较少，大多数是品种延伸。当品类延伸的难度过大，超出品牌主的生产能力和消费者的心理接受能力时，品类延伸就可能被多品牌替代。

二、品牌延伸的好处与风险

品牌延伸是一把“双刃剑”，它确实为企业带来了诸多好处，成就了众多企业的扩张蓝图，但同时也损毁了许多原本很优秀的品牌。因此，对品牌延伸的理解应当从正反两个方面入手，不仅要意识到延伸的好处，还有必要对它的风险有足够的认识。

（一）品牌延伸的好处

1.降低新产品的不确定性风险

品牌延伸有利于降低新产品具有的不确定性风险。消费者对新产品总是不十分了解的，较难预期购买和使用新产品的结果，这就是新产品的不确定性风险。此时，陌生的新品牌，就会加重这种不确定性，使得消费者更难以接受。因为新品牌具有不确定性，而新产品采用老品牌延伸，可以减小这种不确定性，降低风险。

☞拓展案例5-7

娃哈哈进军可乐市场时，推出一个响亮而富有朝气的副品牌——“非常可乐”。但娃哈哈这一主品牌没有抛弃，在品牌设计上，非常可乐还将“娃哈哈”用比较大的字体，放在比较明显的位置上，以起到以老带新的作用。

品牌延伸不仅有利于消费者接受新产品，也有利于中间商接受新产品。中间商经营大量的供应商产品和品牌，一般更愿意选择一些具有一定品牌知名度的产品，因为这类产品和品牌更具有确定性，经营风险也较低。

2.节约新产品推广的成本

品牌延伸有利于节约新产品推广的成本。首先，品牌延伸省掉了新品牌开发和设计费用；其次，延伸新产品与老产品之间有密切的联系，有利于消费者对其产生有利的联想，因此可以减少消费者的认知矛盾造成的间接成本；最后，延伸品牌的传播费用也可以大大节约。例如，延伸品牌的广告宣传只要重点介绍新产品本身就可以，而老品牌就无须多介绍了。而且延伸品牌的广告无须做大改动，老品牌的广告设计、广告媒体和广告代理渠道都可以沿用。另外，品牌延伸的成本节约还体现在可以沿用老品牌的包装。

3.满足忠实消费者多样化的需求

品牌延伸有利于满足忠实消费者多样化的需求。品牌延伸能使品牌的产品更加丰满和多元化，能为消费者提供选择可能性。品牌延伸，从某个角度讲，也是对市场进行细分，来满足不同目标消费者的需求。那么对消费者而言，产品越丰富，品类越齐全，消费者选择余地就越大，同时，给消费者带来的便利性就越大。

4.丰富原品牌的内涵

品牌延伸有利于丰富原品牌的内涵。启用多品牌战略意味着对老品牌的一种“抛弃”，企业的新陈代谢容易造成消费者的喜新厌旧，这不利于维护好的老品牌。而品牌延伸意味着对老品牌的继承和弘扬，能使原品牌的内涵更丰富、更深刻，在消费者心目中的印象更深、形象更完美。

【拓展阅读5-3】

娃哈哈从小小的儿童食品营养液延伸到十余个品类两百个品种，其品牌内涵自然极大地丰富，娃哈哈不仅在“饮料”概念上日趋全面，而且在“食品”“儿童”概念上也有很大的扩充。“娃哈哈”已经成为中国知名度最高的品牌之一。

海尔从洗衣机延展到冰箱冰柜、空调、彩电等，让消费者感受到海尔在不失承诺，在不断创新。这不仅体现海尔品牌的核心价值，而且丰富了品牌的内涵。

5.获取更大的范围经济效益

品牌延伸比多品牌有更大的范围经济效益。品牌多种延伸产品之间的联系比多品牌之间更加紧密，更加有整合性或一体化。因为从产生范围经济的多样化结构看，品牌延伸形成的多样化主要是品种（或产品线）的多样化。多品牌形成的多样化主要是品类的多样化，而同一品类的品种（或产品线）之间的联系自然要比不同品类之间的联系更紧密。因此，在可比条件下，在同一品牌下的范围经济效益要高于在同一企业不同品牌下的范围经济效益，因为前者更好的整合性可以更多地节省多种产品之间的协调成本。换言之，品牌延伸可以在一个品牌下实现更大的范围经济效益。

（二）品牌延伸的风险

1.过度延伸增加选择困难

企业产品线过度细分化，使产品线产品差异日益模糊，增加消费者选择的困难度。营销人员应该解释延伸产品的差异性，否则会造成消费者对产品产生混淆，对延伸产品不利。

2.垂直延伸有损品牌形象

垂直延伸是将品牌带往看起来很有吸引力的市场，而这个市场可能比现有市场等级更高或更低。但Aaker（1997）建议品牌经理应该尽可能地避免采取垂直延伸，因为品牌权益有很大的一部分，是建立在品牌形象与消费者所感受到的价值之中，而垂直延伸很容易会扭曲这些特质。

【拓展阅读5-4】

“品牌延伸”的反效益

早年，美国的“派克”钢笔质优价贵，是身份和体面的标志，许多社会上层人物都喜欢带一支派克笔。然而，1982年新总经理上任后，把派克品牌用于每支售价仅3美元的低档笔上，结果，派克公司是获取了有限的低档笔市场，但丧失了一部分高档笔的市场。其市场占有率大幅下降，销售额只及其竞争对手克罗斯公司的一半。究其原因，“高档、有派头”是派克笔的品牌个性，延伸到低档市场，稀释了品牌的个性化联想，而其竞争对手则趁机侵入高档笔市场。

著名高档白酒品牌“五粮液”从1994年开始品牌延伸，在短短8年间就延伸出百余个品牌，由于大多采用中低端延伸战略，如100多元的五粮春、几十元的五粮醇等，导致五粮液品牌资产贬值，声誉受损。2002年12月，五粮液集团公司最终决定取消38个延伸子品牌。

所以，品牌垂直延伸风险非常之大，尤其是身份象征型的高档产品。品牌的生命力源自消费者大脑中的个性化联想，任何背离和伤害原有品牌个性的品牌延伸都会危及品牌的根基，是品牌延伸的第一大忌。

资料来源 作者根据网络相关资料整理.

3.遭受零售商抗拒

零售商货架空间有限，他们考虑最快的回转率及最适库存量。货架空间也要提供给零售商本身的私有品牌。因此，零售商不会因制造商产品种类增加而提供相对应的货架空间，加上私有品牌的竞争，对制造商而言，其渠道关系恶化，成本上升。越来越少的货架空间，造成制造商彼此竞争，提高促销成本，使大零售商坐享其成。

4.吸引竞争者的模仿

品牌延伸所获得的市场占有率不会持久，因竞争者会很快跟进，竞争更加激烈。竞争者在市场领导者推出新产品之后，会很快地模仿推出新产品，使市场领导者的品牌延伸所获得的市场占有率不会维持很久。

5.对原品牌的淡化或损毁风险

品牌延伸发生最多的问题就是贪大图全。在少许成功案例的影响下，企业扩大生产领域，导致产品线过长，品牌覆盖的品类过多，直接影响品牌消费者对原品牌的理解与忠诚，造成原品牌概念的淡化，以及品牌影响力的丧失，主要表现为贪大图全、产品品类杂乱等问题。

☞拓展案例5-8

美国Scott公司生产的舒洁牌卫生纸，本是卫生纸市场上的头号品牌，但随着舒洁餐巾纸的出现，消费者的心理发生了微妙的变化。对此，美国品牌大师艾·里斯幽默地评价说："舒洁餐巾纸与舒洁卫生纸，究竟哪个品牌才是为鼻子策划的？"结果舒洁卫生纸的头牌位置很快被宝洁公司的Charmin牌卫生纸所取代。

6.延伸过快容易导致失败

延伸过快是相对于其他配套延伸而言的。品牌延伸不是简单的品牌形象延伸，它要求管理水平、传播技术、文化内容相应地提高。品牌延伸速度过快，企业相应的资源未能及时跟上，很可能会导致延伸的失败，这类风险只是影响延伸的产品，对原品牌不会产生不良的影响。

三、品牌延伸的影响因素

据凯勒的研究文献综述，总的来说，消费者对原品牌的态度和消费者认知的原品牌与延伸产品的关联度是影响品牌延伸成败的两个关键因素。表5-2为品牌延伸成功与失败案例，从中可以发现品牌延伸战略必须谨慎实施。

表5-2　品牌延伸成功与失败案例

成功的品牌延伸	失败的品牌延伸
多芬洗发乳、多芬润发乳	金宝汤西红柿酱
凡士林强化护肤爽肤水	Life Savers口香糖
贺喜巧克力牛奶	Cracker Jack麦片
Jell-O布丁	哈雷机车葡萄酒冷藏柜
Visa旅行支票	Hidden Valley Ranch冷冻食品
香吉士柳橙苏打	Bic香水
高露洁牙刷	Ben-Gay阿司匹林
Mars冰激凌	可丽舒尿布
Arm & Hammer牙膏	Clorox洗洁精
Bic抛弃式打火机	Levi's裁缝经典西装
本田割草机	Nautilus运动鞋
Mr. Clean洗车器	达美乐水果口味口香糖
Fendi手表	Smuckers西红柿酱
保时捷咖啡壶	Coors洛杉矶山脉矿泉水

品牌延伸的成败=消费者对原品牌的态度×消费者认知的原品牌与延伸产品的关联度

这两个因素对品牌延伸的影响及其规律可叙述如下：

（1）如果消费者对原品牌持肯定的态度，并且消费者认知的原品牌与延伸产品之间的关联度比较高，那么品牌延伸就容易成功。

因为消费者认为好的品牌具有“光环效应”，可以照亮关系比较密切的延伸产品，所谓爱屋及乌。

（2）如果消费者对原品牌持肯定的态度，但消费者认知的延伸产品与原品牌之间的关联度较低，那么品牌延伸就不容易成功。

☞拓展案例5-9

在美国市场上，亨氏原本是名牌腌菜，占有最大的市场份额。后来，公司将亨氏品牌延伸到西红柿酱，十分成功，一跃成为西红柿酱品牌第一。但与此同时，亨氏丧失了腌菜市场上的头把交椅，正是“有所得必有所失”。这就是品牌学家所说的跷跷板效应：一个名称不能同时代表两个完全不同的产品，当一种上来时，另一种就要下去。由于延伸产品与原品牌的关联度极小，因此尽管原品牌是一个强势品牌还是避免不了品牌延伸的失败。不过，这个失败不是表现在延伸产品上，而是表现在原品牌上。从形式上看，好比用牺牲原品牌产品办法换取延伸产品的成功。

（3）如果消费者对原品牌肯定的态度比较强，那么延伸产品与原品牌之间的关联度适当降低也可以使品牌延伸成功。如果消费者对原品牌肯定的态度一般，那么延伸产品与原品牌之间的关联度需要提高，以保证品牌延伸的成功。

☞拓展案例5-10

手表与戒指的关联度不是很高，但市场实验证明：劳力士手表延伸到劳力士戒指是能成功的，因为劳力士品牌是被市场高度肯定的。而市场对天美时电子表肯定的态度一般，因此，天美时选择电池、计算器等与电子表关联度较高的产品作为延伸产品，以保证延伸的成功。

（4）消费者认知的延伸产品与原品牌之间的关联可以有以下多种方式（详见表5-3），通过这些关联，消费者较为容易接受新产品。以戴森为例，它的核心技术强项就是气旋技术，所以成功拓展了吹风机、干手器、风扇、加湿器等需要“吹”的品类上。

表5-3 延伸产品与原品牌之间的关联类型

关联类型	范例
解释性关联	娃哈哈，饮料 ⟶ 服装，都是儿童用品
互补性关联	高露洁，牙膏 ⟶ 牙刷，产品互补
替代性关联	大疆，Phantom ⟶ Mavic，产品的换代升级
技术性关联	小米，手机 ⟶ 新能源汽车，核心都是技术

（5）如果原品牌是品牌市场的领头品牌，那么进行品类延伸的难度最大。因为品类市场的领头品牌，已经被消费者认知和评价为“最具品类代表性或特征的品牌”。既然消费者认为一个品类的领头品牌最具有这个品类区别于其他品类的特征，那么这个品类的领头品牌与其他品类的差异就最大，也就是最难以与其他品类接近和关联，即关联度最小，因此，消费者最难以接受这个品类的领头品牌延伸到其他品类。

（6）原品牌的正面联想可能变成延伸产品的负面联想。例如，金宝汤延伸到西红柿酱，就产生这样的负面影响。原品牌的核心内涵是“汤”，对品牌有正面影响，延伸产品的内涵是“西红柿酱”，如果西红柿酱做得像汤，显然变成一种负面影响。

（7）如果延伸产品是较简单的容易生产的产品，那么品牌延伸会冲淡原品牌的价值。如果延伸产品是较复杂的很难生产的产品，那么品牌延伸会增大原品牌的价值。为了防止这种品牌价值被冲淡的现象，品牌向简单产品延伸时，要多宣传延伸产品的特色，用特色来体现价值。

☞拓展案例5-11

喜力啤酒是名牌啤酒，但喜力啤酒延伸为喜力爆米花，会降低喜力品牌的身价，因为消费者感觉爆玉米花太容易生产了，喜力生产爆玉米花是“大材小用”；而且爆玉米花的简单性使得这个市场成为无差异化的完全竞争市场，在完全竞争的状况下，市场供应者的产品之间几乎没有差异，市场需求者买谁的产品得到的效用都几乎一样，因而无须识别供应者的品牌，品牌的价值大大降低了。

（8）如果延伸产品与原品牌的关联度较低，那么品牌延伸的失败对原品牌形象的损害不大；如果延伸产品与原品牌的关联度较高，那么品牌延伸的失败对原品牌形象的损害比较大。

（9）如果原品牌的品牌资产比较大，那么品牌延伸的动机比较强烈，也比较持久。因为这样的品牌已经获得消费者十分有利的态度，即较好地具备了品牌延伸模型中两个要素之一，只要在另一个要素上下功夫，品牌延伸就能成功，因此信心比较充足。

（10）品牌向上下游品类的垂直延伸比较困难；向上游的品牌垂直延伸更加困难。品牌的垂直延伸比水平延伸难，因为垂直延伸是品类延伸，水平延伸大多数是品种延伸，而如前所说，品类延伸比品种延伸难。垂直延伸中，向上游延伸比向下游延伸难，因为下游产品中包含着原品牌产品，关联度比较大，而上游产品只是品牌产品的一部分，原品牌与上游产品的联系只是部分的联系，关联度比它与下游产品要小，因此原品牌向下游产品延伸比较容易成功，而向上游产品延伸相对难一些。

四、品牌延伸模型

以下介绍几个品牌延伸模型，帮助管理者找到延伸的边界。

（一）品牌延伸范围模型

美国学者戴维森描述了品牌延伸的可能范围，具体包括内核、外核、延伸区域和禁区（如图5-4所示）。内核的延伸是产品线的延伸，是距离原产品最近的延伸，例如贵州茅台酒系列产品；外核的延伸是同一类产品的延伸，距离原产品比较近，如茅台啤酒；延伸区域是不同类产品的延伸潜力，距离原产品比较远；禁区是品牌不宜延伸的产品类别，强行延伸将使得延伸产品与原品牌产生行业、市场、档次等方面的认知冲突，最终威胁到原品牌资产。酱香拿铁虽然成功“出圈”，但是如果茅台自己出咖啡，大家能接受吗？

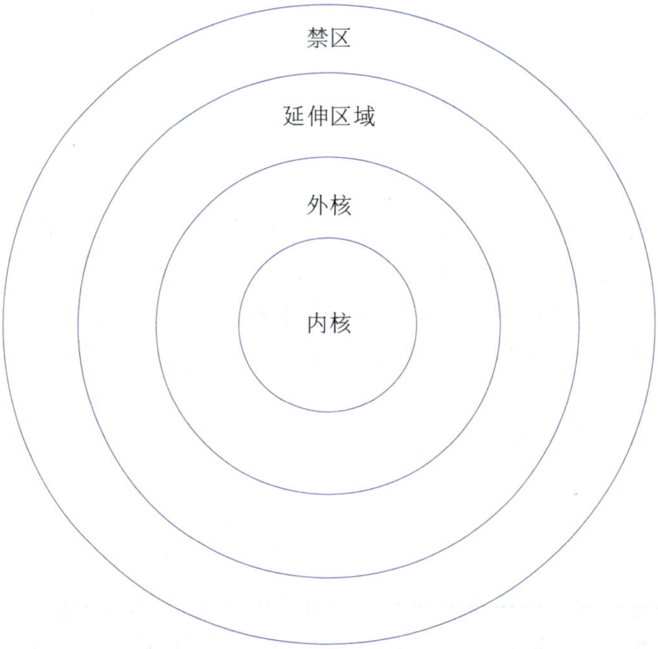

图5-4　品牌延伸范围模型

（二）品牌延伸能力模型

究竟如何确立延伸的候选产品？卡普菲勒教授提出了一个品牌延伸能力模型（如图5-5所示）。该模型纵轴是品牌类型，横轴是产品相似程度。品牌类型是指母品牌具有显著特征的一个方面，包括专有技术、利益、个性、价值观；产品相似程度是指延伸产品与原产品之间的技术相关性。

由模型来看，根据品牌类型的不同，延伸产品和原产品的相似性也不同。专有技术是品牌原产品所具备的技术特长，据此延伸的产品与原产品应当较为相似，如宣酒的小窖酿造技术；利益是品牌带给消费者的产品利益，据此延伸的产品与原产品距离稍远；个性是品牌的拟人化特点，据此延伸的产品可以离原品牌较远；价值观是品牌所特有的理念，所延伸的产品可与原产品在技术上不相干，只要保持理念一致就行。

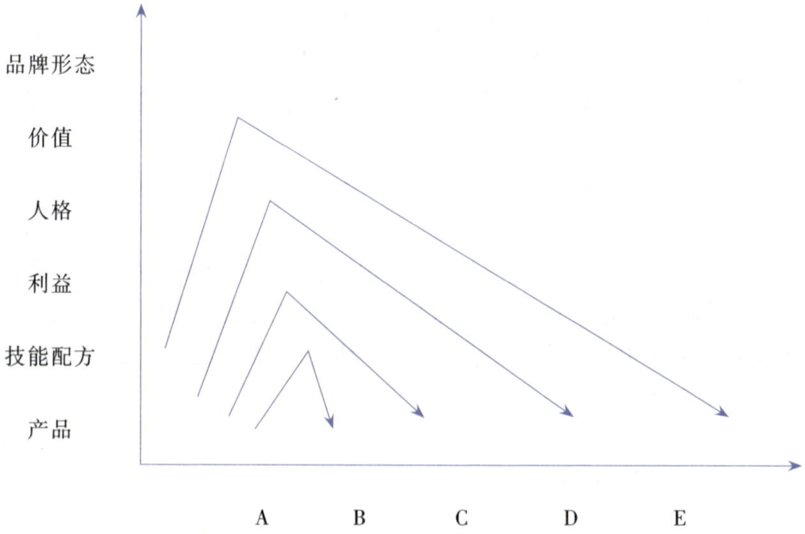

图5-5　品牌延伸能力模型

（三）品牌延伸边界模型

影响品牌延伸成败的决定性因素主要有两个：消费者对核心品牌的认知和延伸产品与核心品牌之间的关联性。前一因素是品牌延伸的优势基础，后一因素是品牌延伸的指导原则，将二者结合起来，可以构建一个品牌延伸边界模型（如图5-6所示）。

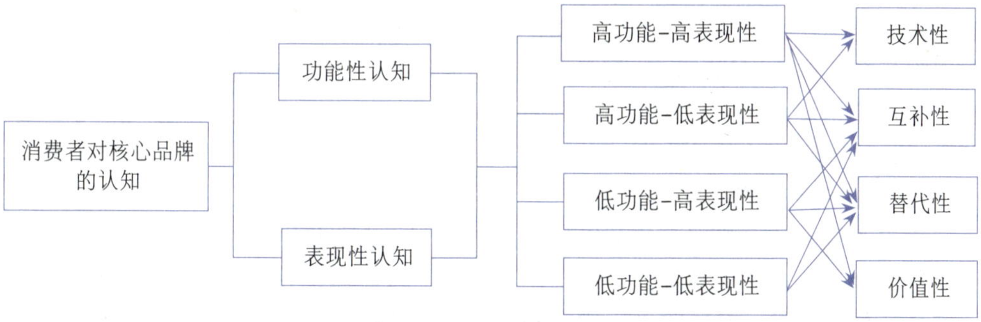

图5-6　品牌延伸边界模型

品牌延伸的成败取决于延伸产品是否脱离了核心品牌所规定的延伸边界。消费者对核心品牌的认知可分为功能性认知和表现性认知两种，如果再将每种认知都分为高低两种，那么消费者对核心品牌的认知又可以分为高功能-高表现性、高功能-低表现性、低功能-高表现性、低功能-低表现性四种。延伸产品与核心品牌间的联系又可分为与产品特征有关的技术性、互补性、替代性以及与产品特征无关的价值性四种。其中，技术性是指核心技术与资源的可转移性；互补性是指延伸产品与原产品之间的配套补充；替代性是指延伸产品与原产品之间可以相互替代；价值性是指产品概念、表现、内涵等核心价值的一致性。

结合以上两个决定性因素，可以确定四类品牌延伸的边界：

高功能-高表现性品牌。可在技术性、互补性、替代性、价值性上延伸，较少受到限制，成功的机会也比较大。

高功能-低表现性品牌。应选择技术性、互补性、替代性这三方面延伸，而不宜向价值性方面延伸。

低功能-高表现性品牌。只能优先采用价值性延伸，也可以向互补性和替代性产品进行适当延伸。例如，高档洋酒本身并无太大功能性，但其名贵的特征会满足部分人的需求，所以更适合向名贵家居装饰品或珍藏品延伸，也可延伸到高档酒具，以及其他口感的高档洋酒。

低功能-低表现性品牌。从理论上讲，延伸困难很大。但是，如果在互补性与替代性上操作得当，也能够获得成功。

五、品牌延伸步骤

微课 5-3

品牌延伸模型

品牌的延伸有一套科学而严谨的步骤来防范其不当延伸的风险，主要有如下几个步骤：

（一）确定原品牌与目标市场的线路

所谓原品牌与目标市场的线路，是指原品牌向目标市场延伸的技术路线，是由一个已存在的品牌向一个与它不相关的市场运动的途径，是原品牌核心价值的演变轨迹，可能存在的线路当然不止一条，且每条线路都有其优势与劣势，品牌的延伸方向选择并不是目标的确定，更多的是对实现延伸目标路径的选择。

尽可能地设计出可能实现预期延伸目标的路径，并测算其存在的风险与收益。这是进行品牌延伸的基础步骤。

（二）关键线路的选择与分析

采用类似于项目管理中的关键线路法，对上一步骤找出的可能线路结合企业实力进行综合评估。按照品牌资产最大化与企业经营目标统一的原则，依据对各条线路综合评估的结果，对线路进行排序并优选，再依次对它们进行分析、调整，选择出品牌延伸的关键线路。

（三）延伸对品牌内涵的影响测试

按照上一步骤的排序结果，按照品牌系统论的要求，逐一测试各条延伸线路对品牌内涵的影响，再次进行线路筛选。这次筛选的结果可能得到几个可行的备选方案。

这些备选方案要通过下一步骤的调整之后，依然要使用此步骤的方法再次进行测试，循环往复，直至最优方案在下一步得到确认为止。

（四）延伸线路的确定与方向的调整

将确定的延伸线路按照既定的延伸目标分成各个阶段，再对各个延伸阶段进行调整，除一定要保持与总目标一致的要求之外，其他过程都要求符合最优原则。

（五）确定延伸形式及延伸战略

品牌延伸必须能够延伸原品牌的优势，迅速展开与消费者之间的新产品关系，依据上述步骤的结论，确定合适的延伸品牌名称、延伸形式及延伸战略。

【项目总结】

随着市场竞争的日益激烈，企业产品越来越多，多品牌战略、单一品牌战略、主副品牌战略的选择，应充分考虑市场的需求、企业自身的实力及竞争对手的战略。品牌延伸战略的实施一定要谨慎，一个品牌要想保持强有力的竞争力，就不能随便延伸，一定要聚焦一个品类，聚焦一个价值，聚焦一个个性，甚至要聚焦一个主打产品。

【品牌延伸实训】

【训练目标】

提升品牌延伸战略实施能力。

【任务要求】

1.团队合作，每组有一个负责人。

2.选择企业，学生可任意选择某一食品企业。

3.品牌延伸战略分析，围绕品牌延伸影响因素、延伸种类等对选定企业的品牌延伸战略进行分析。

4.交流汇报，展示小组成果。

【任务呈现】

以小组为单位提交Word/PPT作品，作品应涵盖以下几方面内容：企业主品牌、延伸类型、延伸效果并解释原因。

【任务评价】

评价指标	评价标准	分值	评估成绩	权重
品牌延伸训练	1.准确分析延伸种类	20		70%
	2.准确判断延伸效果	40		

续表

评价指标	评价标准	分值	评估成绩	权重
品牌延伸训练	3.团队成员分工合理	10		70%
	4.按时完成	10		
	5.汇报得当	20		
教学过程	出勤、态度和热情	100		30%
小组综合得分				

【自我检测】

自我检测答案

1.单项选择题

(1) 宝洁具有多个品牌的洗发水，这种多品牌战略的作用是（　　）。

A.拉开差价　　B.实现范围经济

C.满足消费者多样化的需求　　D.保留现金牛品牌

(2) 娃哈哈的品牌延伸类型是（　　）。

A.专业化延伸　　B.一体化延伸

C.多样化延伸　　D.以上都不是

(3)（　　）是指企业决定其所有的产品都统一使用一个品牌名称。

A.群体品牌战略　　B.个别品牌战略

C.群体和个体并用品牌战略　　D.家族品牌战略

(4) 如果企业用同一品牌推出功用、质量相差无几的同类产品，就会使消费者混淆，这是（　　）。

A.淡化品牌特性　　B.产品定位混乱

C.品牌延伸不一致　　D.品牌延伸种类过量

(5)（　　）是指企业的不同产品分别采用不同的品牌。

A.个别品牌战略　　B.分类品牌战略

C.企业名称+个别品牌战略　　D.多品牌战略

2.多项选择题

(1) 企业采用统一品牌战略的好处有（　　）。

A.能够降低新产品的宣传费用　　B.有助于塑造企业形象

C.易于区分产品质量档次　　D.促销费用较低

E.有助于显示企业实力

（2）多品牌战略的作用有（　　）。

A.填补空白市场　　B.保护主力品牌　　C.保留现金牛品牌

D.拉开差价　　E.满足消费者多样化需求

（3）品牌延伸的一般步骤包括（　　）。

A.确定原品牌与目标市场的线路　　B.关键线路的选择与分析

C.延伸对品牌内涵的影响测试　　D.延伸线路的确定与方向的调整

E.确定延伸形式及延伸战略

（4）品牌组合结构通常包括（　　）。

A.横向结构　　B.纵向结构　　C.联合结构　　D.双向结构

（5）副品牌在品牌推广中（　　）。

A.只担任叙述性字眼　　B.有举足轻重的推动作用

C.与主品牌的推动角色相当　　D.没有作用

3.判断题

（1）品牌组合与产品组合是一个概念。（　　）

（2）主副品牌延伸战略是指在一段经营期内的企业采用统一的标志性品牌，兼与独立的标识性品牌的组合方法来统一形象定位与功能定位的品牌战略。（　　）

（3）母子品牌和主副品牌是同一个概念的不同表述方式。（　　）

（4）品牌延伸对于企业而言有百益无一害。（　　）

（5）如果消费者对原品牌肯定的态度比较强，即使延伸产品与原品牌之间的关联度适当降低也可以使品牌延伸成功。（　　）

项目六　品牌推广

☞思维导图

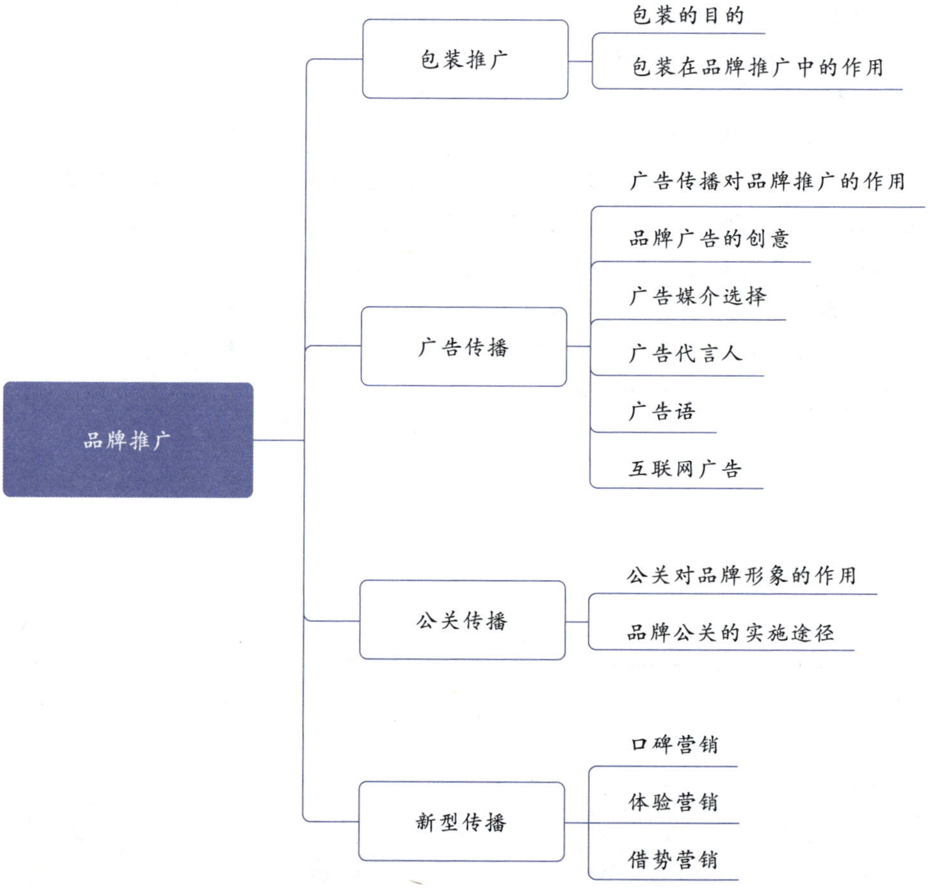

☞学习目标

□ 知识目标：

1.了解包装与品牌推广的关系；

2.了解广告创意的原则；

3.掌握公关传播的种类；

4.掌握新型传播方式的种类。

□ 能力目标：

1.能挖掘品牌卖点，完成广告口号的撰写；

2.能借用热点话题，开展品牌借势营销。

□ 素养目标：

1.培养学生的创新思维、应变思维等；

2.提升学生的法治意识。

□ 任务分解：

任务一：包装推广

任务二：广告传播

任务三：公关传播

任务四：新型传播

引导案例

喜茶和茶颜悦色跨界联名

推广是实现品牌与消费者沟通的重要环节。如何将品牌定位、文化、个性等信息准确无误地传递给消费者，从而实现品牌价值，是当前企业打造品牌亟需解决的重要难题。互联网时代的到来，给企业提供了更多的品牌互动场景，也给品牌推广提供了更多的选择。

任务一　包装推广

☞导入案例

伊利×“国宝设计师”推出减碳环保包装“动物足迹瓶”

作为乳业节能减碳的践行者和倡导者，伊利恪守低碳减排战略的长期主义，早在2007年就提出了“绿色领导力”，2009年又将其升级为“绿色产业链”战略。2023年9月6日，伊利携手大熊猫、丹顶鹤、东北虎这三大“国宝动物设计师”推出的减碳环保包装“动物足迹瓶”首发上市，助力“绿色亚运”。据悉，每盒200ml的“动物足迹瓶”包装可减少碳足迹11.12gCO_2e。具体来看，这款焕新升级的环保新包装具备以下三大优势：一是“无铝箔”，在同等印刷条件下，“动物足迹瓶”所使用的康美绿芯包材不含铝箔层，能有效减少碳足迹；二是“减油墨”，产品包装精简用色，减少油墨的使用，同时也减少了生产中所产生的冲洗油墨用水量，节能减排；三是“无提手”，产品外箱均摒弃塑料把手，更大化地减少塑料使用。

以“动物足迹瓶”上市发售为契机，伊利再次以低碳创意赋能绿色亚运，不仅取得了品牌声量和产品销量的双重提振，更充分彰显了国产牛奶品牌所肩负的社会责任与担当。

资料来源　佚名.伊利×国宝设计师推出减碳环保包装“动物足迹瓶”[EB/OL].[2023-09-08]. http://m.cntvsp.cn/food/food/2023/0908/107346.html.

“人靠衣装”，在商品同质化现象日趋严重的今天，企业总是希望能够通过某种方法，将产品的差异性展示给消费者，随着竞争的日益加剧，企业将品牌概念融入包装设计，运用“美化”的包装来体现产品的识别性，展示企业形象，进一步吸引消费者的注意。一项研究显示，超级市场中三分之二的购买是即兴的，包装是消费者对产品的第一印象，所以必须获取一个良好的第一印象。产品包装的尺寸、形状、颜色和字体等设计元素共同形成包装的诉求，在消费者的购买决策中发挥着与广告同样重要的作用。

一、包装的目的

所谓包装（Packaging），包含商品包装盒与包装纸的所有设计工作。包装的主要目的有：

（一）运送过程中保护商品

包装可保护产品在运输过程中不受损，也可保护产品在仓库和零售店中免于变质，尤其是药品和食品。

（二）为售后产品提供保护

与散装产品相比，包装产品通常较方便携带运送、较干净，且较不容易蒸发、散落和损坏。此外，“小孩安全包装”可阻止小孩打开药品包装盒和其他危险产品。

【拓展阅读6-1】

洗涤包装新风尚“苦味”包装助儿童安全

近日，Procter & Gamble（宝洁）公司为了减少孩子因洗涤剂中毒事件的发生采取了新举措：在洗涤剂的小包装袋上增加了点苦味，旨在提醒孩子此产品不能食用，保护孩子的安全。

与大瓶装的液体或粉状洗涤剂相比，单剂量的洗衣粉小包装凭借其轻便性、实用性受到更多消费者的青睐。

然而小尺寸和颜色鲜艳的水溶性小袋却产生了意外的危险。年幼的儿童由于鲜艳的外包装误食高浓度的洗涤剂，导致意外中毒。

总部位于辛辛那提的宝洁公司表示：汰渍、捷恩、碧浪等宝洁旗下的多个洗护品牌都会在其外包装上增加点苦味，旨在保护孩子的安全。

这个安全保护意识也被命名为“Up，Up And Away”活动，目前此项活动正与一个专注于预防儿童伤害的组织——全球儿童安全组织——展开合作。

资料来源　作者根据宝洁公司的相关资料整理而成.

（三）让中间商接受产品

产品包装应符合批发商和零售商规定。例如，包装尺寸和形状必须适合商店陈列与堆叠方式。

（四）有助于说服消费者采购产品

包装方式可引起消费者对产品的注意。购物者平均在每家商店逗留时间为20分钟，每秒需看20项产品（Schreiber，1994）。此时，在商店的走道上，包装可视为无声的销售人员。在中间商品牌方面，由于少有大量广告宣传，包装就被视为与消费者沟通的渠道。

【拓展阅读6–2】

包装标识规定

美国“营养标识与教育方案”（1990），建立加工食品营养标识的标准方法。该法案的目的在于，完全披露食品的营养成分。标识必须列明卡路里、脂肪、胆固醇、钠、碳水化合物和蛋白质的含量。此外，还必须标识每日摄取2 000卡路里的比例。维生素、矿物质含量也要列出每日最高用量的比例。

“营养标识与教育方案”对营养标识的规定，影响了20万种包装食物。这些标识的改变，让食品制造商必须增加成本，预估20亿～60亿美元。不过，支持者认为，新的标识规定有助于改善营养，因而降低医疗支出。当然，只有消费者阅读营养标识，并依此选择食品，才能节省医疗支出。调查结果显示，推出营养标识规定后，购物者获得更多的营养资讯。

二、包装在品牌推广中的作用

（一）包装是品牌的视觉载体

包装设计是一项综合的系统工作，将品牌商标、文字信息、图案、色彩、造型、材料等多项要素根据不同的目的有机组合在一起，在考虑商品特性的基础上，遵循品牌设计的基本原则，将品牌的视觉符号最大限度地融入包装设计上，形成独有的品牌个性，在区分竞争产品的同时，以明确该产品是归属于哪家企业（李艳，2013）。

因为视觉的传播是直接的，它比语言更深入、更生动地与人们的心灵相联结。好的品牌商品包装，在充分传达商品资讯的同时，应该对其利益点予以最直观的展现，以吸引消费者的注意。

图6-1为日本著名工业设计师深泽直人创造的仿生“水果皮”饮料盒，这些包装看起来、摸上去与真实的水果表皮一模一样。深泽直人说：“如果人们拿起果汁的盒子就像拿着一个真的水果，那么他们一定会认为盒子里的果汁很天然、很好喝。”

图6-1　深泽直人设计的仿生“水果皮”饮料盒

在评估包装时，通常采用VIEW模式：

V=可见性，是指包装能在人们购物时吸引他们的注意力。

I=信息性，是指包装上随处可见的各种形式的产品信息。

E=情感诉求，是指包装能激起预想的情感或心情。

W=工作性能，是指一个包装如何起作用而非它怎样沟通，如能够保护产品、便于储存、环保等。

拓展阅读 6-3

关于进一步加强商品过度包装治理的通知

（二）包装是品牌的“无声推销员”

当消费者购物时，首先映入眼帘的就是产品的包装，此时，包装设计的优劣，直接影响消费者对于产品品质的判断，同时，会对所属品牌产生连带效应，认为品牌的价值等同于产品品质。尤其对酒类、饮料、化妆品、食品、药品等一些本身没有太多外观形态的商品而言，精美的包装设计能激起消费者高层次的社会性需求，深具艺术魅力的产品包装设计对消费者而言是一种美的享受，自然能收获一批“颜粉”，从而促进消费者的购买。

图6-2为农夫山泉的虎年生肖瓶，无论从包装造型、材质、色彩、工艺上都透露出特殊的气质和高贵感，给消费者一种高档品牌、高品质产品、高附加值的享受。

图6-2　农夫山泉虎年生肖瓶

具有“无声推销员”之称的包装在设计时，要实现以下三方面功能：第一，从陈列环境中着手，在包装的色彩、图案、款式等方面要突出品牌的视觉冲击力，以区别于同类产品，最终脱颖而出。第二，从品牌定位、品牌个性着手，针对目标顾客以及销售渠道，决定包装设计风格以突出品牌及利益点。第三，根据渠道及价格的差异，设计有附加值、品质感及美感的包装。这些要素都是与品牌价值相辅相成的，是提升品牌美誉度的重要手段。

【拓展阅读6-4】

限量与特殊版包装，是很多品牌产生口碑与获得吸引力的途径。也就是说，利用稀少与独特因素，将平凡普通转变成消费者的渴望。例如，2008年为中国北京奥运献礼，“可口可乐”推出艺术酷眩铝瓶WE8限量套装献奥运，八款可口可乐艺术弧形瓶分别代表：全球和谐，世界和平，振奋时刻，人类共融，健康世界，积极乐观，坚韧精神和快乐主义（如图6-3所示），另外八款源于东方的视觉艺术（E8）加上八支来自西方的精美音乐（W8），合二为一便成了荟萃东西方文化的“WE8东西群音绘八方”。

图6-3　WE8限量包装

（三）包装是品牌的“绿色文化”使者

包装在给企业和消费者带来种种便利的同时，也可能会对人类赖以生存的环境带来危害，随着全社会对环境和生态保护意识的增强，商品采用无毒、无污染、可回收利用、可再生或可降解的绿色环保材料就显得更胜一筹。

2011年百事可乐研发植物性包装，这种饮料瓶完全是由柳枝稷、松树皮、玉米外皮及其他植物性材料制成的。此外，百事可乐还计划使用橙皮、燕麦外壳、土豆片及其他来自该公司产品业务的残留物来生产饮料瓶。百事可乐称，这种植物性包装可以降低饮料瓶的“碳足迹”。当全球“以纸代塑”呼声越来越高，以纸为主要原料的圆筒纸罐包装具有非常好的行业发展前景，与此同时，产品包装的密封性、安全可靠、易回收处理和亲近感的材质也让它受到众多品牌和消费者的喜爱。图6-4为三只松鼠的纸罐包装示意图。

图6-4 三只松鼠纸罐包装

（四）包装是品牌的“形象代言人”

消费者在商品的长期使用过程中，对作为商品的“面孔”的包装，会产生熟悉感和信任感，人们习惯从货架上根据包装寻找产品，因此，包装的造型、色彩、字体等不应轻易变动，以树立稳固的商品形象。例如，牛奶是大众化商品，很少有差异性，但Almarai却是海湾地区市值最高的牛奶公司。它没有品牌标志，但是从包装上一眼就可认出Almarai牛奶（如图6-5所示）。正如在国际上，可口可乐和Absolut品牌（如图6-6所示）的包装广受欢迎。

图6-5　Almarai牛奶包装

图6-6　Absolut伏特加包装

【拓展阅读6-5】

小包装 大学问——云耕物作红糖姜茶包装设计

云耕物作红糖姜茶包装设计如图6-7所示。

图6-7　云耕物作红糖姜茶包装设计

（1）设计了一个突出“暖”字符号，将购买信号的刺激程度放大，让顾客看到就想买，因为买红糖姜茶的顾客最看重有没有效果。

（2）创作了一句一看就能被打动、一听就能记住的口号，并直接印在包装正面：真红糖，真的暖。

（3）设计了一个简单的验证红糖成分的方案，让顾客相信这是“真红糖”。包装印上了一句话：红糖好不好，先看配料表。

（4）把配料表单独设计，并把字放大，同时写上引导顾客理解的话语：“认清配料表做不了假。”

（5）进一步为“暖”打造“信任状”。把云耕物作获得的国家专利证书印在包装盒背面，让消费者可以自行认证。

（6）用四个“暖”字进一步打造立体“信任状”，让消费者明白为什么云耕物作的红糖姜茶更暖，传递出更多企业优势和产品品质信息。

（7）把创始人的暖心故事写在包装背后，与消费者建立联结，强化消费者对品牌的认知。

（8）把红糖姜茶的品类名进一步突出放大，降低消费者的搜寻成本，让产品更易被发现，更易被购买。

（9）包装侧面提示“每月常备”，向顾客再次发出行动提示，提升购买频次。

（10）云耕物作对红糖姜茶做了姜辣度的不同区分，用几颗温暖的小太阳来代表姜辣度。

任务二　广告传播

☞导入案例

透过一连串的简单易记的传播法，Goodby Silverstein & Partners公司为乳品公司所做的“您喝牛奶了吗？”的广告就创造了佳绩，成功地提醒消费者他们应该什么时候，以及为什么要喝牛奶。在广告牌上用巨幅的食品照片，照片中的食品若与牛奶一起吃会更好吃：像花生酱、果酱三明治、蛋糕，以及十分受欢迎的巧克力饼干。唯一的文案是“您喝牛奶了吗”，相同的电视广告也强调，一些非配牛奶喝不可的情况。“您喝牛奶了吗”广告符合了所有“大创意”的特点：它很简单、实际，而且说的内容让目标市场很明确地辨认出。

一、广告传播对品牌推广的作用

广告是品牌传播的主要方式之一，它通过报纸、杂志、广播、电视、户外展示和网络等大众传媒向消费者或受众传播品牌信息，诉说品牌情感。广告在建立品牌认知、培养品牌动机和转变品牌态度上都能发挥重要作用。

广告与其他品牌传播方式相比有公开性、覆盖性、复制性和艺术性4个特点：

（一）公开性

品牌广告是公开地刊登在大众媒体上的，具有信息传播上的公开性。这就能使消费者对品牌产生一种正规的、合法的和可靠的印象，有利于消除消费者对品牌的某些疑虑。

（二）覆盖性

广告是利用大众传媒的传播方式，而大众传媒可以使品牌信息最广泛地接触到消费者或公众，形成最大的覆盖面，最迅速地扩大品牌知名度。

（三）复制性

广告制作的标准化和规模化，容易使人们对做广告的品牌产品或厂商形象也产生一种“标准化和规模化”的联想，而标准化和规模化是现代化大工业的基本特征。因此，这种联想有利于树立良好的品牌形象。

（四）艺术性

广告是一种艺术，具有美的或情感的表现力和感染力，比其他沟通方式更能表现国际产品或企业的价值，更能吸引国外消费者。许多品牌广告都请演员或艺术家担任模特，除了他们的知名度外，一个更重要的因素就是他们或他们作品的情感形象能大大提升品牌广告的艺术感染力。

广告传播也可能对品牌产生一些负面影响，比如，广告会增加品牌风险。品牌广告实质上都是品牌承诺，任何品牌一旦做了广告，等于向消费者公开承诺，“君子一言，驷马难追”。既然有承诺，就有履行或兑现承诺的压力。广告在传播品牌形象的同时对品牌行为产生了约束作用。这种广告引起的约束力，会造成品牌管理成本的增加。事实上，广告具有艺术性，而艺术总是要夸张的，因此，广告承诺多少总是带有“夸张”成分，即完全履行或兑现是有难度的，而这往往成为不少品牌被投诉的由来，即实际的品牌产品或服务不如品牌广告说得那么好。

二、品牌广告的创意

品牌广告的创意是指广告文字和图像所表达的品牌内容。广告创意直接影响品牌形象。好的广告创意能有效地建立和提升品牌形象，而差的广告创意则有损于品牌形象。

（一）广告创意过程

美国广告大师，詹姆斯·韦伯·扬（James Webb Young）在他的著作《创意的生成》中传授了创意生成的五大步骤：

1.资料收集

即使是专家，也不太可能在一开始就能为广告描绘出很好的轮廓，也因此必须专注于背景调查、拜访客户、观察消费者与品牌的互动等。

2.消化吸收

整理手上的资讯，并从不同的角度去理解，列出特色清单或涂涂写写，或写些短句，总而言之动动你的大脑，这一段将会给你一些与创意生成有关的练习，也许能帮助你激发一些创意的火花。

3.让潜意识为你工作

将广告工作搁在一旁，去散个步、看场电影、投投篮球，做任何能放松心情的事情，詹姆斯·韦伯·扬把这个步骤比作福尔摩斯破解迷案的方法，在案件办理之中，福尔摩斯会拉着华生去音乐演奏会，这个习惯总会让死脑筋的华生感到相当恼怒，但却能够帮助福尔摩斯破解案子。

4.创意的诞生

脑袋在装满资讯后，一旦让它得到放松，就会自动涌现创意，而这可能随时随地会发生，随时备好写下那些创意，因为它们会很快地出现，也会很快地消失。只要创意能被你记下来，无论它是写在碎纸片、餐巾纸，还是你车内仪表板的一粒灰尘上都无所谓。

5.对创意作最后修正，以符合实际用途

问问你自己，这是一个好的创意吗？它能够解决问题吗？它有没有营销策略上的定位？从该广告上面消费者得到了什么？给消费者留下好的印象还是坏的深刻印象？

【拓展阅读6-6】

广告方案的创新来自创意思考。创意思考无法速成，但只要掌握基本技巧，平日多练习应用，功力自会提升。这里提出的基本技巧——加、减、乘、除、移——简明易懂、便于记忆，详见表6-1。

表6-1　创意“五字诀”

创意思考基本技巧	技巧说明
加+	从无到有；增添元素；变大、厚、长、多、强
减-	从有到无；删除元素；变少、薄、短、小、弱
乘×	结合既有的东西；合并、联合、化零为整
除÷	切割或分离某个东西或程序
移↗	改变方向、位置、时间、程序、情境等

（二）广告创意思考方法

1.表现品牌的利益诉求点

品牌广告的创意应当表现品牌产品的核心层或利益诉求点，即品牌给消费者带来的特殊的利益。因为品牌的利益诉求点是消费者最想了解的。

如图6-8所示，在Arlistan咖啡宣传广告中展示的是这么一幅场景：在周末，阳光洒满房间，巨型猫躺在那儿一动不动（这体型也去不了其他地方），等着主人泡来一杯浓浓的Arlistan，慵懒地靠在一起享受……关于咖啡的惬意想象，不能同意更多！

图6-8　Arlistan咖啡宣传广告

“这个冬天，滑滑，泡泡，抱抱。”萌化了，泡咖啡去。

2.表现品牌产品的特色

品牌广告的创意应当表现品牌产品的特色。品牌产品的特色是消费者识别和记忆品牌的一个重要依据，因此，广告创作必须展示产品的主要卖点，即你能够表述出来的、你的产品或服务中最强有力的、独一无二的特征。例如，SBP杀虫剂宣传广告利用幽默、拟人化的手法展示了该品牌杀虫剂的威力，如图6-9所示。杀虫剂广告多从虫子的角度入手，这回来只青蛙是否眼前一亮？

图6-9　SBP杀虫剂宣传广告

3.诉诸品牌情感

品牌广告的创意应当诉诸情感。许多广告从业者和学者认为，产品购买的发生通常是由于情感因素的作用，如果运用适当且产品正确，情感诉求就会取得很大的成功。

☞**拓展案例6-1**

椰岛鹿龟酒的广告原来侧重介绍这种酒的功能、效果，缺乏情感因素，是“没有灵魂的品牌”，后来发现和增加了“父亲”这个因素，使得广告的情感性大大增强，并由此获得很大的成功（如图6-10所示）。

图6-10　椰岛鹿龟酒宣传广告

4.瞄准目标市场

品牌广告的创意应当瞄准目标市场。因为品牌广告的一个主要目的是建立品牌定位，而品牌定位的一个要素是确定目标市场或目标消费者。有效的品牌广告首先应当引起目标消费者的注意并产生共鸣。

【拓展阅读6-7】

洗脑式独占年轻人眼球

在信息“爆炸”和快节奏的社会里生存，年轻人已经不再满足于长篇大论的文字输出。碎片化的短视频、搞笑风趣的语言类节目、真实互动的真人秀是他们获取新鲜事物的主要渠道，“魔性”的背景乐和洗脑重复的动作，视听结合才能够带来更强有力的记忆点。基于此，哈啤使用流行的脱口秀、抖音短视频的“魔曲”和“魔舞”在线上平台饱和式输出，在短时间内用最有效的方式对清凉油风味啤酒进行洗脑式的宣传，独占年轻人的眼球并迅速火爆全网！

5.适合消费者的文化观念

品牌广告的创意应当适合消费者的文化观念，包括价值观念、审美观念、家庭观念、宗教观念、民族观念、生活习俗和语言环境等。品牌广告往往容易表现品牌主或生产者的文化观念。当生产者的文化观念与消费者矛盾时，品牌广告应服从消费者的文化观念，而淡化生产者的文化观念。因为品牌广告是为树立品牌形象服务的，而品牌形象是消费者对品牌的感知和评价，是消费者导向和受消费者文化观念影响的。

6.克服负面影响

品牌广告的创意应当避免或克服对品牌的负面影响，即注意夸张有度，尤其注意不做虚假的创意。因为过度夸张尤其虚假创意是违背诚信这一基本的商业道德的，而诚信是区分品牌形象优劣的一个主要分水岭。广告创意中的夸张是一把双刃剑，它既能带来眼球效应，也可能使广告主名誉扫地。目前，虚假创意的品牌广告时有发生，一旦发生都将给品牌形象带来损失。

☞拓展案例6–2

养乐多被罚款45万元！

在大众愈发关注健康的当下，减肥、通便、无负担的食品逐渐成为年轻人的“宠儿”，而自带“健康属性”的益生菌饮品，也正在被越来越多的年轻人追捧。2021年9月6日，养乐多关联公司上海益力多乳品有限公司被罚款45万元。上海益力多乳品有限公司的违法事实为：在我国新型冠状病毒感染的肺炎疫情尚未结束之前，宣传“益生菌在新冠病毒防治中有重要作用”，并引用《新型冠状病毒感染的肺炎诊疗方案》作为依据，极易提高消费者对养乐多乳酸菌产品的关注度和信任度，误以为益生菌对新冠病毒有防治作用。

宣传“肠道内的有益菌会随人体正常排泄而流失，所以需要每天补充活性益生菌，保持肠内菌群平衡”，会使人误以为不每天服用益生菌会对身体造成不利影响。

宣传“养乐多100毫升的小小一瓶足足含有100亿个以上的干酪乳杆菌代田株，每天一瓶可满足成年人一天所需的益生菌”，会使人误以为每天喝一瓶养乐多乳酸菌就会满足人体所需益生菌，而忽略对除干酪乳杆菌以外其他品种益生菌的补充。当事人的宣传行为有利于提高养乐多乳酸菌的销量，获取竞争优势，排除或者妨碍其他品种益生菌饮品的竞争。

上海市浦东新区市场监督管理局依据《中华人民共和国反不正当竞争法》第二十条第一款，对其罚款45万元。

资料来源　李静.养乐多：宣传益生菌可防治新冠病毒被罚45万［EB/OL］.［2021-09-06］. http：//www.ce.cn/cysc/sp/info/202109/06/t20210906_36885047.shtml.

7.兑现承诺

品牌广告创意中的承诺应当兑现。如前所述，品牌广告实质上都是品牌承诺。即使不是明示的承诺，也是暗示的承诺。因此，广告创意必须考虑到承诺的兑现，即言行一致的问题。广告创意者必须与品牌管理者沟通，以保证承诺的兑现或改进承诺的设计。许多品牌广告的失败，一个重要的原因就是广告创意者与品牌运行者之间的不沟通、不协调，说的与做的不一致。而好的品牌广告都能做到兑现承诺。

例如，元气森林2021年4月发布声明，为旗下乳茶产品“0蔗糖　低脂肪”的宣传词容易引发误解致歉，并将包装改为“低糖　低脂肪”。

8.适时而变

品牌广告的创意应当适时而变。因为品牌广告服务于品牌形象，品牌形象虽然具有稳定性，但不等于一成不变。当市场环境和企业战略有重大变化时，品牌形象是有可能调整或改变的，当品牌形象调整时，品牌广告的创意也需要调整。例如，农夫山泉的《农夫山泉水源地纪录片——冬季篇》和《长白山的春夏秋》，给消费者还原了一个可触及、可感知的生态场景，使“天然饮用水”的品牌形象深入人心。

三、广告媒介选择

品牌广告的媒介有下述几种类型：报纸、杂志、广播、电视、户外展示、投递、店铺、网络。每一种媒介都有其优缺点，见表6-2。企业需要在了解和熟知各种媒介特点的基础上进行判断。

表6-2　广告媒介的优劣势一览表

媒介类型	优势	劣势
报纸	（1）内容比较自由 （2）报业竞争激烈，广告主选择余地大 （3）版面充足，信息量丰富 （4）时效性较强 （5）较为便宜	（1）受众面小 （2）画面效果差
杂志	（1）专业性强，强化品牌形象 （2）稳定的读者群 （3）产品介绍更为深入 （4）印刷质量好，保存期较长	（1）发行量低，阅读率低 （2）发行周期长，时效性差
广播	（1）受众面很大，传播障碍较小 （2）时效性最强 （3）收费比较便宜 （4）运用声音或音乐来增强广告效果	（1）电台内容受限制 （2）广告时间短 （3）无形的，缺乏视觉形象
电视	（1）表现手法多种多样，吸引受众 （2）展现效果好，品牌形象生动 （3）与受众接触广而频繁	（1）费用高 （2）受管控，内容受限，时间短

续表

媒介类型	优势	劣势
户外展示	（1）有较强的视觉冲击力 （2）展露时间最长 （3）费用比较低	（1）文字较少，定位不清晰 （2）创意抽象
投递	（1）有效送达目标受众 （2）与目标受众有交流，产生亲切感	（1）缺乏公开性，影响品牌形象 （2）单位成本比较高
店铺	（1）借助零售商（店铺）的品牌形象及其影响力，以增强生产商品牌广告的效果 （2）与同店铺里陈列的产品实物相互映衬，增强了品牌广告的真实性和可靠性	（1）同类产品相互竞争 （2）受零售商约束
网络	（1）具有互动性 （2）可提供最新、最丰富的信息 （3）可个性化满足受众的需要 （4）可以跨时空传播信息 （5）成本较低	（1）受限于互联网平台 （2）网络的虚拟性影响网络广告及品牌的可信性和可靠性

品牌管理者在选择广告媒介时，应考虑以下条件：

（1）产品性质。不同性质的产品有不同的使用价值、使用范围和宣传要求，因此应合理选用广告媒介。

（2）消费者接触媒介的习惯。选择广告媒介时，需要充分考虑目标消费群体接触广告媒介的习惯。

（3）媒介的传播范围。不同的广告媒介，传播的范围不同，能辐射的人群也就不同。

（4）媒介的影响力。选择广告媒介应把目标市场与媒介影响程度结合起来，能影响到目标市场每一个角落的媒介是最佳选择。

（5）媒介的传播速度。有些商品本身就有较强的时效性，所选择的广告媒介必须传播信息迅速，反之，可以选择时效性相对弱一点的媒介。

（6）媒介的费用。选择不同的广告媒介，所支出的费用是不同的，甚至相差较大。一般来说，传统媒体广告如电视、广播、杂志等费用较高，而新媒体广告如互联网、社交媒体等费用相对较低。

四、广告代言人

广告代言人，是指品牌在一定时期内，以契约的形式，指定一个或几个能够代表品牌形象，并展示、宣传品牌形象的人。广告中使用的代言人或推荐人，能迅速塑造广告主形象，使得广告主的品牌名称、形象，能迅速地成为消费大众记忆的一部分，而达到广告的目的。2024年4月郑钦文出任霸王茶姬首位“健康大使”，不仅为品牌注入了新活力，也为消费者提供了更深层次的价值认同，以值得信赖的健康饮品选择，助力茶饮健康生活方式深入人心。

【拓展阅读6-8】

平衡理论是由社会心理学家Fritz Heider提出的，对于人们认为可能会有所关联的因素，设法维持其关系（或态度）的一致性，该理论主要讨论三角关系的认知平衡。三角形表示平衡理论的三大元素，又称P-O-X理论，P代表自己，O代表对方，X是介于P与O之间的第三者或被观察对象（包括人、事、物或观念），则三者间认知元素可形成一个认知单元，并以正或负来表示两者间的关系，如图6-11所示。

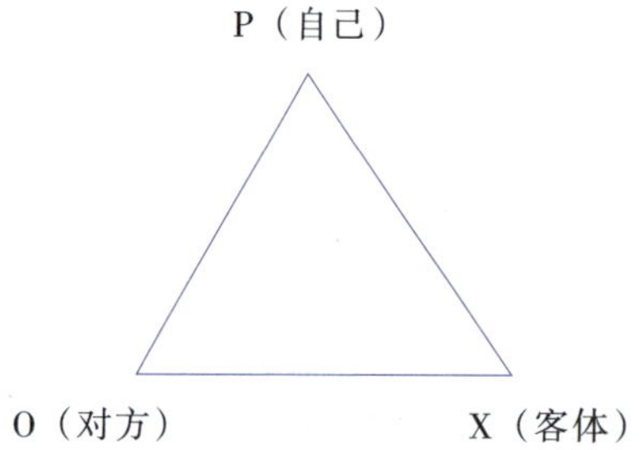

图6-11　平衡理论

在此认知单元中，存在两种联结关系：

（1）感情上的联结，指的是观察者对另一个人（P对O）与对观察物（P对X）所存在的正或负面感觉，也就是态度的主要成分。

（2）单位关系，指的是观察者对这两个观察对象O与X所保持的关联性看法（O与X之间）。

广告中常用明星为代言人，就是希望塑造消费者喜欢O明星，而该O明星喜欢X品牌，所以消费者也喜欢X品牌。

广告代言成功的基本条件是，品牌产品的品质要符合消费者需求。如果品质有问题，找任何人代言都将失效。广告代言人可以分为四种类型：专家、名人、公司高层经理、典型消费者。专家的说服力主要来自“专业性”；名人的说服力主要来自“吸引力”和“知名度”；公司高层经理的说服力主要来自“专业度”；典型消费者的说服力主要来自“相似性”。当广告公司要找代言人时，必须考虑代言人本身的形象、个性是否与品牌个性及广告所要沟通的目标对象相契合。

运用广告理性诉求与广告代言人的组合，对消费者的购买意愿、行动，会有较佳的说服效果，并且能提升广告的可信度及专业度。尤其是当消费者对广告代言人有好感，且代言人和产品间紧密结合，而消费者又不排斥该产品时，这种效果最显著，因为一致性的力量，会更加增强消费者对产品的好感。

☞拓展案例6-3

瑞幸走出“生死局”，借谷爱凌重塑形象

2022年“谷爱凌”已成为席卷中外的现象级话题人物。2月8日北京冬奥会女子自由式滑雪大跳台比赛当天，谷爱凌的呼声到达巅峰，史无前例的冠军成绩让她瞬间霸屏18条热搜位，相关话题热度超过100亿，网络热度峰值高达99.19。

与此同时，不少网友在微博“晒”出手拿“应援卡片”的蓝色咖啡杯庆祝。一杯、两杯……全国各地的“自来水”迅速积攒热度，令瑞幸成为该时段唯一登上热搜高位的品牌，也打响了“年轻，就要瑞幸”的全新品牌宣言（如图6-12所示）。

图6-12　网友在微博“晒”出手拿“应援卡片”的蓝色咖啡杯庆祝

假如消费者原本并不喜欢该产品，但他对广告代言人有好感，此时消费者便处在认知不平衡（或不相称）的状态，不平衡会引起心理焦虑，驱使他改变认知结构，要么降低对代言人的好感，要么增加对产品的好感。如果他选择了后者，这就达到了推荐式广告的目的。但是也有一种情况是，消费者始终关注的是名人，而非品牌，这时代言人就无法帮助品牌实现品牌形象的提升。

【拓展阅读6-9】

明星代言虚假广告将被禁三年 承担连带责任

自2015年9月1日起，修订后的《中华人民共和国广告法》正式实施。与旧法相比，“新法”的一大亮点是完善了广告代言制度，尤其对明星代言和未成年人代言进行了严格限定。

“新法”规定，广告代言人在广告中对商品、服务作推荐、证明，应当依据事实，符合本法和有关法律、行政法规规定，并不得为其未使用过的商品或者未接受过的服务作推荐、证明。对在虚假广告中作推荐、证明受到行政处罚未满三年的自然人、法人或者其他组织，不得利用其作为广告代言人。关系消费者生命健康的商品或者服务的虚假广告，造成消费者损害的，其广告经营者、广告发布者、广告代言人应当与广告主承担连带责任。

强化对未成年人的保护也是“新法”的一大亮点。“新法”规定：不得在中小学校、幼儿园内开展广告活动，不得利用中小学生和幼儿的教材、教辅材料、练习册、文具、教具、校服、校车等发布或者变相发布广告，但公益广告除外。不得利用不满十周岁的未成年人作为广告代言人。不过，应均解释，广告中用普通儿童和模特并不违法，判断儿童做代言人是否违法主要看该代言人在广告商家的受众群体中，是否具备一定的影响力。

五、广告语

郎朗上口的广告语，能够凸显品牌的特征，强化品牌形象，在传递品牌个性的同时，也给消费者留下了深刻的印象。好的广告语首先要体现产品核心卖点，其次要尽量短小精悍，最后美的语言更能打动消费者。

（一）体现产品核心卖点

卖点（Unique Selling Proposition，USP）是著名营销学家罗斯·里夫斯提出的理论，就是指消费品牌与众不同、独特的消费主张，即任何产品在营销传播中应该有自己独特的卖点主张。如农夫山泉的“有点甜”，娃哈哈的“吃饭就是香”，乐百氏的“27层净化”，燕京啤酒的“释放自我”，褚橙“24∶1黄金甜酸比”等。

（二）短小精悍

广告短小精悍，不仅醒目，还有一个很大的优点就是节省时间和金钱。短小的广告能让读者在短时间的阅读及收听中获取必要的信息，了解广告所介绍的商品。例如：

味道好极了！——雀巢咖啡

大宝，天天见！——大宝

Just do it！——NIKE

（三）语言优美

语言优美，读来使人心情舒畅，容易接受。广告以理服人，以情动人，诱发消费者的潜在需要与购买欲望，使他们感受到获得这种商品所带来的愉悦与满足。顾客的普遍心理是：消费要物有所值，甚至物超所值。广告中煽情的词语往往会有很强的感召力。例如：

一股浓香，一缕温暖！——南方黑芝麻糊

A diamond is forever（钻石恒久远，一颗永流传！）——戴比尔斯钻戒

只溶在口，不溶在手！——M&M巧克力

【拓展阅读6–10】

20世纪十大广告口号

20世纪十大广告口号见表6–3。

表6–3 20世纪十大广告口号

公司或品牌	广告主题
(1) 戴比尔斯	钻石恒久远，一颗永流传
(2) 耐克	想做就做
(3) 可口可乐	清新时刻
(4) Miller Lite	只有好味道，没有啤酒肚
(5) 爱维斯	我们更加努力
(6) 麦斯威尔	滴滴香浓，意犹未尽
(7) Wheaties	早餐冠军
(8) 伊卡璐	难道她…
(9) Morton Salt	恰逢其时
(10) 温迪	牛肉哪去了？

资料来源 贝尔奇G E，贝尔奇M A.广告与促销［M］. 张红霞，庞隽，译.北京：中国人民大学出版社，2008.

六、互联网广告

（一）互联网广告投放付费模式

互联网广告如何收费？大家经常会听到CPT、CPM、CPC、CPA、CPS等，那么你知道这每一种付费模式的具体含义吗？

1.CPT

CPT是英文“Cost Per Time”的简称，就是“按时长付费”。在互联网行业，如果你需要投放广告，CPT是一种相对比较省心省力的投放方式。因为只要你和投放的媒体或平台沟通好广告的位置，按投放的时长付费就行了。这种模式，其实在线下最为常见。比如，大家比较熟悉的公交站牌广告、电梯轿厢广告，大多都是采用这种付费模式。整体来讲，这种模式相对比较粗放一些，带来的效果不太容易测算。

2. CPM

CPM是英文“Cost Per Mille”的简称，就是“按千次展示付费”，也就是不管你这个广告有没有产生实际效果，只要展现给了用户，就得付费。只不过是按照展现1 000次的价格总和作为计费的单价来核算。一些网络视频的贴片广告、一些App的Banner广告，很多时候都是这种模式。这种模式，相比CPT的模式更精准了一些，是与广告效果初步相关的，只有用户看到了，广告主才会付费。

3. CPC

CPC是英文“Cost Per Click”的简称，就是“按点击付费”。就是说，广告被点击一次，广告主就要付一次钱。这种模式的广告，大家应该都接触过，最常见的百度的竞价广告、淘宝的直通车广告、头条上的信息流广告，很多都是这种模式。CPC模式与前两种模式相比，则是真实地为广告效果而付费。为什么呢？因为我们监测到了用户的行为，这个行为是什么？就是点击！用户的点击意味着他对我们的广告感兴趣，或者我们的广告满足了他某方面的需求，所以，他想点进来看看，想进一步了解。

4. CPA

CPA是英文“Cost Per Action”的简称，就是“按行动付费”。这个“行动”的具体含义并不固定，取决于广告平台。一般情况下，常见的就是下载、注册之类。也就是说，一个下载多少钱，或者一个注册多少钱，按照这个效果进行付费。这种模式，相对于CPC的模式，在广告效果方面更深入了一步。因为CPC是只要点击了，即使用户点击后又退出了你的页面，你依然要付广告费。而CPA模式，则做了更进一步的监测。只有用户下载了App，广告主才需要支付广告费。所以，这种模式，价格一般要比CPC模式更贵一些，但也更精准一些，也是非常主流的广告付费模式。

5. CPS

CPS是英文“Cost Per Sales”的简称，就是“按销售付费”。也就是把广告当作一个销售渠道，卖了多少钱，广告主就付一定比例的提成。CPA是按照展现、按照点击、按照下载注册付费的，但依然不能保证给广告主带来直接的收入。但是CPS模式，则是直接与交易挂钩的，是可以提前规划投入产出比的。所以，这种广告模式是最直接的效果营销广告。

随着移动互联网的发展，数字营销技术越来越成熟，现在也有越来越多品效合一的广告形式。但万变不离其宗，基本上所有的广告付费模式都是来源于以上5种模式的。在实际工作中，可根据自己公司业务的特点，选取合适的广告投放平台、合适的付费模式，为公司的业绩提升做出自己的贡献。

微课 6-1

互联网广告投放付费模式

（二）漏斗模型

漏斗模型是一个非常实用的工具，它将广告在推广中所形成的大量数据进行分层，形成展现、点击、访问、咨询、成交5个营销环节。漏斗模型（如图6-13所示）可简化为三个阶段：展现量、点击量为广告推广阶段，其中，影响展现量的因素为传播方面的投放渠道、投放时间等；影响点击量的因素为内容方面的关键词排名、展现样式等。访问量、咨询量为店铺建设阶段，其中，影响访问量的因素为店铺的设计风格、详情页等，影响咨询量的因素为服务方面的态度、响应速度、话术等。成交量为销售转化阶段，影响成交量的因素为品质、价格、售后等。

图6-13　漏斗模型图

漏斗模型可以通过相邻环节的转化率分析，找到薄弱环节，并进行有针对性的调整，从而提升转化率。

转化率=本阶段用户人数/上一阶段用户人数

例如，展现量很高，但点击量很低，那就意味着用户对广告不感兴趣，因此，调整方向就是从广告创意下手。有针对性地进行优化，就能降低之后每层营销漏斗的流失率，从而获取更大的转化量。

微课 6-2

漏斗模型

（三）“5C”营销模型

1.Catch（引导）

商家利用大数据技术对社交媒体、门户网站、视频平台、直播平台等社会化媒体中的目标群体进行精准定位，并将其引入自身的营销平台。

2.Connect（链接）

商家将用户与自己以及合作伙伴实现精准对接，针对用户需求为他们推荐优质产品。

3.Close（体验闭环）

商家建立从售前咨询到售中交易支付，再到售后服务的消费闭环生态。

4.Continue（用户忠诚度）

商家完善会员系统及积分系统，有效提升用户忠诚度，刺激用户重复购买。

5.Campaign（持续促销）

商家通过开展一系列相同主题的营销活动，在社交媒体中制造讨论话题，从而引发传播。

任务三　公关传播

☞导入案例

乳业是与人民健康息息相关的重要民生产业，作为行业龙头，蒙牛重视学生营养，强化孩子健康意识。2023年，蒙牛继续推动“营养普惠工程”，多举措推动学生营养健康事业发展，在全国452所学校开展营养普惠工程牛奶公益捐赠项目，捐赠牛奶370.4万包，覆盖58.2万少年儿童。

20多年来，蒙牛的营养普惠工程共惠及28个省、自治区及直辖市的2 500万名学生。蒙牛还通过开展体育教育、研学教育、食育教育等丰富多样的公益活动拓展青少年课外教育内容，培养青少年营养健康意识，为青少年的健康成长和全面发展奠定良好基础。

一、公关对品牌形象的作用

公共关系（Public Relations），简称公关，是指企业或品牌主通过新闻报道和对社会公共活动的参与而进行的品牌传播，并由此建立品牌主与公众的互动关系。公关传播有利于提升品牌知名度，而品牌知名度的扩大就是品牌形象的增强和品牌资产的增加。

公关传播对品牌的作用与广告传播相比有以下优点：在信息维度方面，公关传播具有互动性和客观性；在情感维度方面，公关传播有社会性和真诚性。这些优点极大地缩短了品牌与消费者之间的距离，提升了品牌形象，培养了大批忠诚消费者。

（一）互动性加强品牌沟通

广告一般是单向的传播，而公关是双向甚至多向的沟通。新闻报道通常有舆论反馈，而参与社会公共活动更是直接与公众接触并进行互动交流。因此，公关比广告更能有效地传播品牌信息，提高受众认知品牌的积极性和认知效果。

（二）客观性塑造品牌良好形象

广告有艺术夸张，而且广告是花钱买宣传，其客观性和真实性可能受金钱的影响，而公关传播比较客观和真实。公关新闻的报道是客观的、真实的，因为新闻报道不是艺术，而且在正常的舆论环境下不是花钱买来的。参与社会公共活动所伴随的信息沟通也是比较客观和真实的，因为社会公共活动一般具有公益性，参与社会公共活动的人或企业的言行较少带有功利性。因此，公关传播比广告能提供更加客观和真实的信息，这对建立品牌的良好形象是有利的。

（三）社会性树立品牌公民形象

公关的内容一般与社会问题尤其是社会热点问题有关。新闻报道的内容是如此，参与的社会公共活动的内容更是如此。公关比广告更能体现和诉诸社会情感，具有更大的社会感召力，这一点显然对增强品牌吸引力，培养品牌动机和态度十分有利。例如，蒙牛在乌兰布和沙漠的治沙造林成果、国家级绿色工厂的打造以及绿色包装、零碳产品的推出等环保举措，不仅彰显了蒙牛乳业对“绿水青山就是金山银山”理念的坚定践行，也为其在全球范围内树立了良好的企业公民形象。

（四）真诚性强化品牌忠诚度

公关在信息传播上的客观性，在情感传播上表现为真诚性。公关比广告更真诚，无论是新闻报道表达的情感，还是参与社会公共活动中的情感，都比较真诚。而真诚沟通往往更能打动消费者，获得消费者的认可，并使更多的消费者成为企业的忠诚客户群体。

当然，除了上述优点，品牌公关宣传可能会因为负面宣传带来不利的影响，同时还受到时间安排和准确性的影响。

（一）时间由媒体控制，影响时效性

公关宣传的时间进度并不是企业所能控制的。除非新闻机构认为信息有很高的新闻价值，否则新闻报道的时间控制完全取决于媒体——前提是媒体最终发布这则新闻。这样，信息发布的时间就可能比预期最佳作用时间来得太早，或是太晚。

（二）信息传递失真，影响准确性

产生公众效应的一个主要途径就是新闻报道。然而不幸的是，信息在传递中有时会失真，也就是说，它不总是以提供者希望的方式被报道，结果就会出现信息不准确、遗漏等错误，这将对企业产生重大的不利影响。

二、品牌公关的实施途径

品牌公关的实施途径主要有两类：一类是赞助公关，即通过赞助参与社会公共活动，进行宣传报道，并由此提高品牌知名度，树立良好的品牌形象；一类是危机公关，即为化解品牌危机而进行的公关。

（一）赞助公关

赞助公关按所赞助的对象的性质，又可分为教育公关、文化公关、体育公关、公益和慈善公关等。

1.教育公关

教育公关的具体方式有教育基金、教育基础设施用资（如教学楼、图书馆、实验室等）、奖学金、贫困学生助学基金、教师奖励基金、教育科研奖励基金、教材出版资助、教育竞赛活动资助等。教育公关的对象有学生、教师、家长、政府机构、与教育有关的社会团体、与教育有关的厂商和服务商，以及其他关心教育的公众。赞助教育，能获得很好的社会效益，其中也包括品牌形象的提升。教育公关，尤其对职业教育的赞助，还可能为品牌企业提供人力资源上的回报。有的教育公关的对象，可以和目标市场结合起来，从而可以直接从公关投资获得市场效益的回报。

☞拓展案例6-4

金宝汤的“为教育集标签”计划

作为一个长盛不衰的食品品牌，金宝汤推行了30年的“为了教育，收集标签”活动使之建立了自己的“草根”品牌资产。教育是金宝汤营销活动中长久的主题，保持新鲜感的最佳“调味品”则是不断加入的“刺激元素”。而扩大活动影响力的手段是被金宝汤称为“资产联盟营销”（Equity Alliance Marketing）的合作营销模式，联盟的对象包括零售商、学校、设备制造商等与消费者接触的各个环节。

金宝汤（Campbell Soup）的整合营销副总裁Terry Atkins开心地发现，他的妈妈到他家里来看望他时，将家里所有的金宝汤易拉罐上的标签小心地撕下来。这是她为Terry Atkins的小外甥准备的，只要集齐一定数量的标签，消费者就可以换取相当价值的文具和其他娱乐用品。

这就是金宝汤推行了30年的“为了教育，收集标签”（Labels for Education，LFE）活动。据统计，22%的美国家庭参与了LFE活动，其中44%的家庭有6～12岁的儿童。Terry Atkins和LFE项目总监Anne Pizarro认为经过多年的经营，LFE已经形成了一个非常庞大的网络，正是这种“奶奶因素”帮助金宝汤建立了自己的“草根”品牌资产。

资料来源　王卓.金宝汤持久而多变的教育营销［EB/OL］.［2024-10-13］. http://finance.sina.com.cn/jygl/20041013/21351077422.shtml.有删减。

2.文化公关

许多品牌企业也十分重视文化公关。文化公关的具体方式有文化基金、文化基础设施捐资（如剧场、公共博物馆、公共图书馆等）、文化奖励基金、文化遗产保护基金、文艺竞赛活动资助、艺术家培养基金等。当下“文化”正成为白酒品牌竞争高地，诸多白酒品牌不仅开展了各具特色的博物馆，还进行了冠名文创类节目等多元文化交流，如洋河冠名经典咏流传、舍得冠名智慧讲堂、水井坊设立非遗转型基金。

☞拓展案例6-5

水井坊首开先河："第一坊"创行业第一只非遗基金

2018年3月20日，成都糖酒会期间，水井坊博物馆开行业先河，发起并成立"第一只"白酒业内非遗保护专项基金（全称：中国文物保护基金会水井坊非遗新生专项基金），将源远流长的中国白酒文化与博大精深的"非遗"进行接驳，探寻非遗的可持续发展之路。该非遗专项基金是由水井坊携手中国文物保护基金会成立、人民日报社指导，旨在结合多方力量，以更为专业的运作机制，通过深度挖掘"非遗之美"，使之与当代审美、大众生活紧密结合，支持非遗创新保护的生态建设，构建非遗传承新格局，为传承中华文脉、弘扬中华优秀传统文化、增强国家文化软实力做积极探索与实践。

资料来源　佚名.水井坊首开先河："第一坊"创行业第一只非遗基金［EB/OL］.［2018-03-21］. https：//news.sina.com.cn/o/2018-03-21/doc-ifysnixy0181167.shtml.有改编。

3.体育公关

体育公关越来越成为许多品牌公关尤其是名牌公关的首选，原因在于：第一，体育运动对社会的影响越来越大，而且这种影响越来越具有国际性；第二，体育运动具有最天然和最强烈的竞争性，这种特征正好与商业品牌的竞争性相吻合，换言之，品牌竞争可以通过体育公关得到很好的实战模拟；第三，商业品牌可以通过体育公关找到比较理想的品牌代言人，即在理念、气质和性格等多方面与品牌比较接近的体育明星。对许多名牌跨国公司来说，体育公关已经是全球化品牌战略的一个组成部分。

☞拓展案例6-6

伊利的奥林匹克之路：传递奥运价值，传承奥运梦想

2005年，北京正在筹办2008年夏奥会，作为中国历史上承办的首个奥运盛会，全国乃至全球的目光都聚焦于此。伊利率先完成了国际奥组委的层层测评与考察，成功牵手北京奥运会。2008年，伊利为来自全球200多个国家和地区的16 000名运动员、教练员和随队官员提供营养保障。

由此开始，历经伦敦奥运会、里约奥运会、平昌冬奥会、东京奥运会、北京冬奥会，伊利始终没有缺席。值得一提的是，2017年8月，伊利以高品质的产品和服务，再次成为北京2022年冬奥会和冬残奥会官方乳制品合作伙伴。至此，伊利成为同时服务过夏季奥运和冬季奥运的"双奥"乳企。如今，伊利已累计为近40支奥运队伍、数万名奥运健儿提供不间断的营养支持，一路见证了中国体育事业的崛起与蓬勃发展。

此外，伊利以服务奥运为契机，率先研发了奥运产品，为奥运健儿和消费者带来更多元、更高品质的营养助力。2006年，伊利推出了金典有机奶，这是国内首款有机奶；2007年，推出“舒化”品牌，将LHT乳糖水解专利技术应用于舒化无乳糖牛奶，科学地解决了特定运动员饮奶乳糖不耐受这一难题；2017年底，推出第一款植物基乳品“植选”；2020年，推出冬奥定制款冰淇淋“非常熊猫”；2021年，在北京冬奥会倒计时100天之际，伊利旗下全品类线都进行了升级，上线冬奥定制产品……

资料来源　佚名.读懂伊利的奥林匹克之路：传递奥运价值，传承奥运梦想［EB/OL］.［2024-06-24］. http://www.news.cn/ci/20240624/80da347188c74be691c5f066a926e4dd/c.html.有删减。

4.公益和慈善公关

社会公益和慈善事业也是品牌公关大有可为的一个领域。公益和慈善行为崇高，最容易获得社会认同。品牌通过公益和慈善公关可以有效地提升品牌形象，而且效果具有长期性。

☞拓展案例6-7

公益营销的生命树

约克茶是一家名为哈罗门市贝蒂和泰勒的英国公司销售得最好的一项产品。这家公司资助了大量植树计划，以此来防止水土流失和森林覆盖面积下降。它在全世界范围内种的树超过100万棵，尤其是在那些为它种植茶树的发展中国家。在新千年的庆典上，约克茶举行了一个套餐促销活动，鼓励消费者从套餐中收集礼券。消费者每返回6张礼券，公司就向植树项目捐赠1英镑。

促销礼券被放到800万包约克茶中，有6万名消费者返回了礼券。这笔钱帮助Oxfam——与约克茶联合进行公益营销活动的一个植树非营利组织——在发展中国家种了120万棵树。捐赠金额达到了贝蒂和泰勒公司税后利润的2%。公司的销售与营销经理指出，这个活动提高了约克茶的声誉，并且使它与有环保意识的消费者建立了一种长期的关系。同时“我们知道（我们的客户）会觉得购买我们公司的产品买得值”。

资料来源　辛普.整合营销传播［M］.张红霞，译.8版.北京：北京大学出版社，2013.

（二）危机公关

危机公关主要是应对那些对企业造成负面影响的变化，如当出现品牌危机的时候，利用公关措施，动员媒体等力量，来协调与平衡企业和公众之间的紧张关系，使品牌免受或少受损害。

☞拓展案例6-8

欧洲可口可乐危机公关

1999年，可口可乐在比利时的瓶装工厂出现了一次事故。他们将一些受污染的二氧化碳装进了可口可乐瓶中，欧洲消费者（多数在比利时）称饮用了该产品之后感觉不适。可口可乐公司的最初反应为否认其产品存在问题。否认引来了公众强烈的抗议，消费者感到可口可乐当局根本不关心他们的健康和安全。整个欧洲的媒体上的文章都断言可口可乐产品对消费者有害。最后，可口可乐的高级管理人员得到此消息后，其公关人员立即着手消除此事对可口可乐的不利影响。公司雇用了上千个比利时人向杂货店的购物者分发优惠券，消费者可以得到免费1.5升饮料。电视和报纸广告中宣传“你的可口可乐再次归来”。海滨派对对数千名青少年开放。这一事故造成了数百万美元的收入损失，如果不是公司快速反应、及时道歉，损失将更惨重。

任务四　新型传播

☞导入案例

“Flying Pie”口碑营销

美国有家比萨店，叫“Flying Pie”，它的官方网站“破破烂烂”，充满大大小小的字体，令人眼花缭乱，可它竟然能推出很有趣的在线营销方案，已经默默推行了好几年，城里的每个人都默默地知道了，你相信吗？Flying Pie的宣传广告如图6-14所示。

图6-14　Flying Pie宣传广告

这个极成功的在线营销方案叫“It’s Your Day”，它以自身的经历证明不必做太多的内容，也可以利用网络达到传播效应。每天Flying Pie都会喊出一个“名字”，如2月16日是“Ross”，2月19日是“Joey”，他们邀请五位名叫这个名字的幸运民众，让他们当天下午2点到4点或晚上8点到10点，来他们的厨房制作自己免费的比萨，还拍一张照片发到网上。

接下来，Flying Pie在网站上会每周公布新一周的名字，使人常常回来看这个列表。如果你看到你朋友的名字，欢迎告诉他，然后叫他过来。

Flying Pie这项活动的精妙之处在于将目标客户群体织成一张网，通过口口相传让客户带着客户来。

其一，大多数比萨店常常举办折扣促销与礼品赠送，投入不小，却不稀奇，无法引起客户兴趣，而Flying Pie每天邀请五名幸运客户来店里亲手制作一份比萨，让他们体会参与的快乐，还拍照上网与他人分享，让他们感受别人羡慕的目光，这项活动自然更受欢迎，或许可以称之为“体验式营销”。

其二，其实人们并不一定真要去领免费比萨，但他们依然会为自己被选为幸运客户并被大家所知晓而感到兴奋。达到“口碑营销”的效果。

其三，Flying Pie并未在家自顾自地选择幸运客户，而是让已被选中的幸运客户来提供自己朋友的名字，经由投票选出，最后，Flying Pie所赢得的不再是最初的某个人，而是他背后的整个朋友圈子。

资料来源　卢松松.不可不读的经典口碑营销案例［EB/OL］.［2012-02-01］. http：//lusongsong.com/reed/426.html.

一、口碑营销

口碑（Word-of-Mouth，WOM）就是面对面的口口相传。由于我们是从认识的人那里获得这些信息的，口碑就比从一般市场渠道获得的建议更值得信赖（如图6-15所示）。大量研究认为，口碑传播是市场中最强大的控制力之一。口碑被现在营销人士视为当今世界最廉价的信息传播工具和高可信度的宣传媒介。

当消费者不熟悉某类产品时，口碑作用尤其显著。当新产品上市或产品的技术复杂时，降低购买不确定性的方法之一就是谈论它。

（一）品牌口碑传播的影响和原理

1.口碑传播的影响

口碑传播具有高度的说服力，因而具有很强的影响力。因为与那些更正式或更有组织的信息来源——比如广告——相比，消费者在购买决策中经常更多地依靠非正式的或人际传播的信息来源。

消费者转换品牌更多是受口碑传播的影响，而非广告的影响，口碑传播的影响力是广告的两倍。在促使消费者态度由否定、中立到肯定的转变过程中，口碑传播所起的作用则是广告的9倍。

图6-15　漫画“口碑”

但是，口碑对营销人员来说是一把双刃剑，消费者之间非正式的言论可能使一种商品或一家商店一举成功，也可能使其一败涂地。而且，与正面评论相比，消费者更重视负面口碑（Negative Word-of-Mouth）。美国白宫消费者事务处办公室的一项研究显示，对一家公司不满的消费者有90%不会再和这家公司打交道，这些人通常会把自己的委屈至少告诉另外9个人，而这些不满的消费者中有13%会把不愉快的经历继续告诉超过30个人（Solonon，2009）。

☞拓展案例6-9

2023年9月4日，瑞幸与茅台的联名产品“酱香拿铁”正式上新，酒精度数低于0.5%，官方小程序原价38元/杯，券后19元/杯。

新品一经推出，瑞幸线下门店迅速被红白相间的包装袋占领，被“酱香拿铁”刷屏的用户直言：茅台含量最高的地方当属朋友圈。

截至4日20时，#瑞幸回应喝茅台联名咖啡能否开车#词条阅读量达5.3亿，讨论量达2.3万，还一度登榜微博热搜第一。

2.口碑传播的原理

口碑传播，简单说，就是一个网状节点效应。从一张网的任意一个小节点出发，向外扩散，都可以到达网络的另外一个节点，依次传播开去，就可以布满整个网络。

而且，这个传播过程的特点是：随着时间的推移，传播的速度越来越快、传播的范围越来越广、传播的空间越来越大，也就是说它的传播效应是与时间成正比的。

（二）品牌口碑传播方式

品牌口碑传播可以采取多种方式。根据企业与外在环境之间的关系，可以对其进行优良组合，使得口碑传播对品牌的塑造发挥最大的优势。

1.直接口碑

企业直接向消费者传达口碑内涵，由于经过的中间层次少，往往更能使自己所欲传达的口碑内涵得到真实的流传；但是企业可能需要很长的时间才能在众多的目标群体中获得尽量广泛的口碑。

2.间接口碑

企业通过渠道成员、意见领袖乃至媒体等多个环节达成口碑，这也是一种常用的方式，但这中间充满着许多难以控制的影响口碑内涵的要素。

3.营造媒体口碑

企业通过媒体达成口碑效应，这也是一种很常见的现象，但是与硬性广告、软文、虚拟或真实的消费体验证言等形式相比较而言，在营造媒体口碑时媒体往往被企业当作一个被动的传播者，而企业忽视了自己能使媒体主动报道进行传播的可能。

（三）品牌口碑传播的方法

企业所努力传达的所有口碑内涵都必须与自己某阶段所要达成的口碑目标相关，而不是随心所欲和无关的。这要求企业重视自己的产品及品牌在某阶段的诉求主线条，并且以此来提炼出自己所要传达的口碑内涵以及掌握好“坚持就是胜利”和动态调整求发展的度。口碑塑造方法见表6–4。

表6–4 **口碑塑造方法**

序列	口碑塑造方法
1	与企业身边无论大小之媒体的财经版、社会新闻版、消费前沿版等相关版面的记者交朋友，了解他们所撰拟稿件的内容规律、在各阶段关注的新闻焦点
2	挖掘自己与新闻热点相关的口碑内涵成分，有意识地以“投其所好”提供新闻线索或者积极配合的受采访人身份，进入媒体视野
3	让自己提供产品（服务）的理念，对待消费者的态度及实际举措，自己与顾客发生的小故事，自己及员工资助失学儿童、献血、公共卫生等好人好事，自己对某些新闻热点的看法，自己有关知识产权方面的维权内容，作为素材进入媒体报道的内容
4	不要忘记收集来自消费者的故事，发动消费者或者以消费者的身份向媒体表示感谢与表扬自己
5	企业通过借助外力和助手达成口碑。这个办法不常用，但是它的使用价值却是不可低估的

【拓展阅读6–11】

游击营销（Guerrilla Marketing）就是在非正规地点利用口碑来促销的策略。例如，Amaretto di Saronno公司为了炒热旗下“蓝色混沌”（Blucaos）酒，让它成为年轻人的最爱，于是成立了“突击队”到新新人类最爱驻足的酒吧里，先行打响产品名号，接下来公司趁热推出玩具球、T恤、杯子等周边。该公司希望这群身穿蓝色连身服的突击队员能炒热气氛，很快地吸引消费者跟进，点瓶蓝色混沌酒试试味道。另外，还有穿着滑轮鞋的“突击队员”会上街发送周边产品。等这些活动积累了一定口碑，在目标消费族群心目中占得一席之地后，来年该公司再顺势推出平面广告。

（四）管理消费者的口碑

口碑是消费者之间进行流传的，企业一定要主动出击，把握管理好消费者的口碑，在不断的口碑传播中避免负面消息，塑造品牌良好形象。

以下三个环节是相辅相成的，只要把这几点做好，消费者的口碑就能够得到相应的管理，为推动品牌形象奠定雄厚的基础。

1.提高产品和服务质量

产品和服务质量测评一般采用五个维度：有形性、可靠性、响应性、安全性和移情性。企业应该提升五个维度直到让消费者满意为止。

【拓展阅读6–12】

服务质量的评价指标

1.有形性

有形性是指服务被感知的部分，如提供服务用的各种设施等。由于服务的本质是一种行为过程，而不是某种实物形态，因而服务具有不可感知的特征。因此，客户正是借助这些有形的、可见的部分来把握服务的实质。有形部分提供了有关服务质量本身的线索，同时也直接影响到客户对服务质量的感知。

2.可靠性

可靠性是指服务供应者准确无误地完成所承诺的服务。客户认可的可靠性是最重要的质量指标，它与核心服务密切相关。许多以优质服务著称的服务企业，正是通过强化可靠性来建立自己的声誉的。

可靠性要求避免服务过程中的失误，如果企业在向客户提供服务的过程中，因某种原因而出现差错的话，这不仅会给企业造成直接的经济损失，而且更重要的是会损害企业的形象，使企业失去潜在的客户，而这种损失是无法估计的。

3.响应性

响应性主要指反应能力，即随时准备为顾客提供快捷、有效的服务。对客户的各项要求能否予以及时满足，表明企业是否以服务为导向，即是否把客户利益放在第一位。服务传递的效率是企业服务质量的一个重要反映，客户往往非常重视等候服务时间的长短，并将其作为衡量服务质量好坏的一个重要标准。因此，企业应当尽可能缩短让客户等待的时间，提高服务传递的效率。

4.安全性

安全性是指服务人员良好的服务态度和胜任工作的能力，增强客户对企业服务质量的信心和安全感。服务人员良好的服务态度会使客户感到心情愉快，自然会影响客户的主观感受，从而影响客户对服务质量的评价。服务人员具备渊博的专业知识，能够胜任服务的工作，会使客户对企业及其提供的产品产生信心，并因获得满意的服务感到愉快。

5.移情性

移情性是指企业和客服人员能设身处地为客户着想，努力满足客户的要求。这便要求客服人员有一种投入的精神，想客户之所想，急客户之所急，了解客户的实际需要，以及特殊需要，千方百计地予以满足，给予客户充分的关心和体贴，使服务过程充满人情味，这便是移情性的体现。

2.控制传播者

通过提高产品和服务质量、运用广告宣传等有目的的设计，口碑信息会被消费者了解到。在口碑传播中，通常可以在传播的渠道中把消费者划分为口碑传播者和口碑接受者。

3.制造“马太效应”

“马太效应”表现为强者更强，弱者更弱。企业通过对自身服务和传播者的控制，已经制造了一定程度的良好口碑。但是，更加重要的一个环节是要把这种口碑广泛地传播开来。

二、体验营销

21世纪是“体验导向”的年代，消费者除要求多元化的产品和高品质的服务外，他们更注重消费过程中个人与商品、品牌及环境所产生的互动，包括在感官、情感、心智和心灵上的全部体验。一个成功的品牌，不但要强调其功能价值，也要具备打动消费者的体验价值。

（一）品牌体验营销概述

1.体验营销内涵

根据伯德·施密特（Bernd H. Schmitt）博士在《体验营销》一书中的定义，体验营销就是企业以商品为道具，以服务为舞台，围绕着顾客创造出值得回忆的活动。它是站在消费者感官、情感、思考、行动和关联五个方面重新定义、设计营销。它关注顾客的所有消费行为以及他们在消费前、消费中、消费后的体验，它自始至终都把为顾客提供令其身在其中并且难以忘怀的体验作为主要目标。

菲利普·科特勒认为：体验营销正是通过让顾客体验产品、确认价值、促成信赖后自动贴近该产品，成为忠诚的客户。体验营销不把体验当作一种无定形的、可有可无的东西，而是将其作为一种真实的经济提供物，作为一种有别于产品和服务的价值载体。体验营销从传统的卖产品和服务转变为卖体验，从重视功能与质量转变为重视顾客的感性需求。

2.体验营销特征

（1）关注点是“顾客体验”

体验营销关注顾客的体验，它重视与顾客的沟通，发掘他们内心的体验需求，以向顾客提供良好的体验为目标，审视自己的产品和服务。

（2）顾客是“理性+感性”

体验营销认为顾客既是理性的，同时也是感性的。顾客因理智和追求乐趣、刺激等一时冲动而产生购买行为的概率是相同的。

【拓展阅读6-13】

感性品牌十诫

（1）从消费者到人类：消费者是购买者，人类则是活生生的。

（2）从产品到体验：产品实现需求，体验实现渴望。

（3）从诚实到信任：诚实是应该的。信任是迷人而亲密的，需要努力争取。

（4）从品质到钟爱：品质决定售价，钟爱创造业绩。

（5）从恶名昭彰到渴望：名气大不代表受喜爱。

（6）从特色到个人特质：特色用来被认同，而个人特质则是关乎性格与领导气质的。

（7）从机能到感觉：产品机能是关于实用或表面品质的，唯独感官设计才涉及体验。

（8）从无所不在到感性呈现：无所不在是视觉，感性呈现是感觉。

（9）从表达到对话：表达只是告知，对话则是分享。

（10）从服务到关系：服务是销售，关系是认同。

（3）考察对象是“消费场景”

和专注于狭隘定义的产品类别和竞争相比较，体验营销从业者不考虑具体某一产品，相反，他们考虑的是这个产品的“使用氛围”，从而创造协同效应，把产品以及系列产品的体验结合在一起。

（4）方法和工具是“多元化”

和传统营销分析性强的、定量的以及处理语言信息的方法相比，体验营销者采用的方法和工具比较多而且种类丰富。

【拓展阅读6-14】

传统营销关注客观事实，以设计驱动的、理性和分析的观点看待消费者、产品和竞争，也就是说，传统营销的存在需要很多前提假设。

传统营销的特征如下：

第一，关注功能特色和益处。传统营销很大程度上关注功能性特点和益处。传统营销从业者假设各种市场上（工业、消费者、技术和服务）的消费者（企业顾客和最终消费者）都是根据对于他们的重要性来衡量功能特色，评价产品特征，选择具有最高整体效用（即权重特征的总和）的产品。

第二，对产品类别和竞争的定义比较狭隘。对传统的营销从业者而言，竞争基本上发生在范围比较窄的产品类别中——产品和品牌经理的战场。

第三，消费者被看成是理性决策者。20世纪以来，经济学家、决策学家和营销从业者都把消费者的决策过程看作直截了当的问题解决过程。典型的识别过程包括：识别需求、寻找信息、评价可供选择的产品、购买和消费。

第四，采用分析、定量和处理语言信息的方法。传统营销方法和工具属于分析性的、定量的、处理语言信息的方法和工具。主要方法包括：回归模型、定位图和组合分析。

（二）品牌体验营销的类型

1.感官体验

感官体验最主要的目的是创造人们的五感体验，刺激购买动机。根据一项研究结果，人类感官知觉中，87%是由视觉系统所接收，其次为听觉7%、触觉3%、嗅觉2%与味觉1%。因此，身体的感官知觉，会因为周围环境不同，而产生不同的信息，大脑会将所接收到的信息，转换为反应与结果。

☞拓展案例6-10

香港海洋公园全方位感官体验

视觉——公园内珍贵的自然界动物和海洋生物百态；

嗅觉——海洋的气味和动物的自然体味；

听觉——海豚的独特歌声；

触觉——亲身喂饲及轻抚这些可爱的海洋动物。

2.行动体验

行动体验，是指透过对品牌实际直接的接触，所产生的感受。实质身体体验，包括互动、生活形态、非语言行为、自我认知、行为修正及合理的行动，致力为顾客创造惊喜。例如，香港海洋公园推出的“豚聚一刻”，可让游客于水中亲身拥抱可爱活泼的海豚，而“荣誉大小熊猫管理员”则能让游客亲身走进熊猫的居所，近距离了解它们的生活。美团为了推广其新上线的直播间“爆爆团”，在多个商圈举办了快闪秀。快闪“打卡装置”及“行为快闪”两大主题内容，将一部分人群的行为从视线浏览变为“沉浸互动”，成功提升了“爆爆团”的品牌认知度和消费者的参与度。

3.情感体验

情感体验最主要的目的是，强调消费者在体验过程中，内在真实的情感与情绪。在消费过程中所产生的情感是最强烈的，在接触和互动的过程中会产生情感，并且这种情感随着时间的消逝而不断发展。主要的方式有面对面互动交流、情感广告的使用等。例如，饿了么在春节期间推出了一系列广告，主题为“祝你过年不用饿了么”。这一系列反传统的营销手法成功引起了消费者的共鸣。广告通过表达对个人体验和家庭团聚的重视，与传统的促销信息形成鲜明对比，让消费者感受到饿了么不仅关注平台的活跃度，更关心用户的幸福感。

☞拓展案例6-11

Open Rice不但是一个提供饮食资讯的搜寻网，更是一个让消费者与别人互动、分享食评的网上平台。Open Rice成功地将自己由一个销售产品、销售服务的企业，转化成为一个销售体验、销售联结的品牌。而消费者也从一个从Open Rice网上寻找资讯的消费者转化为一个在Open Rice网上提供及分享餐饮经验的产消者，身兼消费者及生产者的共同角色，这让Open Rice所提供的餐饮资讯更丰富、更多元化及更具公信力。

4.思考体验

这是用创意的方式，使消费者惊奇，以诱发并刺激消费者，消费者必须透过思考，才能体会品牌的精神。因此，思考体验营销的人员必须先了解到，参与此体验的消费者，其知识结构及情感兴趣，然后有针对性地结合文字、声音、语言等创意，去刺激消费者的感受，进而使消费者对商品产生不一样的体验。例如，茅台与瑞幸咖啡合作推出的酱香拿铁，通过一系列的问题链式发问节奏，激发了消费者对于产品口感的好奇心和试鲜行为。通过提出问题如“酱香拿铁，是酒吗？”和“年轻人喝得起茅台了？”等，引导消费者进行思考和讨论，提高了消费者参与度和品牌的互动性。

5.关联体验

关联体验，是让个体在体验后，能深刻地将品牌与社会产生关联。设计这种体验的重点，是让消费者体验到这个品牌，这不只对消费者有意义，而且对整个社会、国家都有意义。关联体验主要包括：社会角色、血缘关系、文化价值观、群体成员、品牌传播、社会身份、社会分类、社会影响等。例如，lululemon品牌携手深圳原创舞剧《咏春》，与国际影后杨紫琼及八位专业舞者，呈现了《新春，咏春》主题短片。这部短片将瑜伽文化与中国传统武术咏春相结合，传递了身心合一、追求内在平衡与健康的理念，与中国消费者的价值观相契合。

☞拓展案例6-12

Starbucks将咖啡馆变成到处存在，与生活形态息息相关。创办人Howard Schultz将Starbucks塑造成人们除了家庭和公司之外的“第三个好去处”。扩大店面，请乐队演奏助兴，让客人能在此悠闲地与他人互动。

Starbucks还将咖啡香味带上飞机、餐厅、旅馆、超级市场等。为扩大零售项目及提供第三空间，除了贩卖咖啡豆、咖啡粉及咖啡蛋卷、咖啡相关器具及有关书籍外，兼卖T恤、马克杯、手表、节庆布偶、节庆蛋糕以及CD。Starbucks将原本专卖烘焙咖啡豆的店铺转型成为具有欧式风格的咖啡馆，吸引广大客源，并重新塑造了美国的咖啡文化。

Starbucks的特色是以忠诚的员工服务高度忠诚的客户。Starbucks有十分之一的客户一天上门消费2次，从零售环境、非传统的广告政策到昂贵的咖啡，卖的不只是咖啡，更重要的是气氛，所以花费很大心思在营造一种新兴的咖啡文化与气氛，任何可以提升气氛的都可以卖，创造体验营销。

（三）体验营销设计

Pine和Gilmore在《体验经济》一书中，认为企业应经常思考能为顾客提供什么特殊的体验，而设计出吸引人的体验活动。体验设计的步骤，可以归纳为下列五项：

1.设定主题

体验如果没有主题，顾客就抓不到主轴，很难产生体验感受，也就无法留下长久的记忆。主题要非常简单、吸引人，使顾客愿意去体验。伯德·施密特（Bernd H. Schmitt）和亚历克斯·西蒙森（Alex Simonson）在《大市场美学》（Marketing Aesthetics）一书中，提出9个可能找到主题的“领域”，分别是历史、宗教、时尚、政治、心理学、哲学、实体世界、流行文化和艺术。迪士尼的想法很简单：这将是人们发现快乐和知识的地方；这将是父母和子女分享快乐时光的地方；是老师和学生找到更好的方式相互了解、进行教育的地方。老一代在这里能捕捉到值得怀念的流逝了的岁月，年轻一代在这里尝试着挑战未来的滋味。

2.塑造印象

主题只是基础，还要塑造印象，才能创造体验。塑造印象要靠正面的线索，每个线索都需经过调和，而与主题一致。顾客不同的印象，形成不同的体验。美国明尼苏达州布隆明顿市体验工程公司的总裁路易斯·卡邦（Lewis Carbone）将线索分为“机械学”和“人性学”，也可将它们分别称为无生命的和有生命的，前者的“视觉、嗅觉、味觉、听觉、触觉是由各种物体——如风景、图像、香味、音乐、手感等产生的”，后者的“发出主体是人，它们规范了员工在与顾客接触时应有的行为”。

☞拓展案例6-13

连锁咖啡店西雅图极品咖啡（Barista Brava）的创始人乔治·哈罗普（George Harrop），为加盟店打出醒目的广告标语：“我们经营的是顾客体验，咖啡只是我们所在的产业！”他强调的主题“旧式意大利咖啡店与美国快速生活步调的结合”主导了整个设计，咖啡店的内部装潢体现着古老的韵味，去掉与主题不符的招牌和设施后，精雕细琢的瓷砖和柜台布置同样能引领顾客自动排队。在舒适的环境中，敏捷的服务给顾客留下了很深刻的印象。除此之外，哈罗普还鼓励员工熟悉顾客的面孔，记住老顾客的喜好，立刻送上。

3.去除负面线索

由于所有的线索，都应该设计得与主题一致，所以其他与主题相抵触，或是造成干扰的资讯，都要排除，以免减损顾客的体验。例如，为避免与主题不符，迪士尼主题公园的人员总是兢兢业业地扮演他们的角色，只有在下班后，在游客到不了的地方，他们才会自由进行交谈。

4.配合加入纪念品

纪念品让回忆跟着消费者走，能唤醒消费者的体验。例如，每当游客看到在海洋公园购买的海豚公仔、在迪士尼购买的米奇玩偶时，就总会回忆起那些让人难以忘怀的体验。

5.动员五种感官刺激

感官刺激应该支持并增强主题，所涉及的感官刺激越多，设计的体验就越容易成功。以雨林咖啡厅为例，消费者进入雨林咖啡厅，首先会听到嘶嘶嘶的声音，然后见到雾从岩石上升起，掠过皮肤时有轻柔凉爽的感觉，同时会闻到热带雨林特有的清新气味。

体验设计一定要让消费者的体验大于期望。让消费者败兴而归，是失败的体验设计。消费者体验>消费者期望→惊艳、惊喜→消费者满意度高；反之，消费者体验<消费者期望→沮丧、感觉被骗→消费者满意度低。

（四）流行的品牌体验

1.娱乐体验

娱乐体验指的是，品牌企业主动提供给消费者感官的讯息，如观赏花海、魔术表演、杂技、动物表演等。例如，一些农场让游客采摘当地的农作物、品尝当地的特色餐、参与当地传统农村休闲活动等。

2.教育体验

教育体验是结合教育与娱乐的体验，以满足个人求知欲望并增广见闻，且能寓教于乐。例如，参观白酒制作工艺流程、农场生态解说、农产品加工制作等。

3.超越体验

超越体验，例如，主题公园、虚拟太空游戏、童话人物扮演等，让消费者以更主动的方式参与、融入情境，甚至成为体验活动中的成员。

☞拓展案例6-14

2010年，小米创办人雷军同另外7位能独当一面的硬软件工程师及工业设计高手，在短短4年间搭建了一个5 000万米聊（MIUI）“粉丝”的手机社群平台，在这里交流手机使用技巧心得，了解小米最新动态，参与活动互动。从虚拟到现实世界，小米用尽各种方式，培养出一大批忠实追随者。他们从产品设计开始就广邀“发烧友”参与，每周更新米聊操作界面；设专职人员负责挖出每则发表于网上的消费者投诉，在15分钟内妥善处理。此外，小米每月举办两场爆米花节，吃喝玩乐，应有尽有，总能吸引“粉丝”不远千里参加。

4.美学体验

这是以观赏日出景致、季节变化、无穷的云海、山岚等景象为主，参观艺术创造为辅的体验，让消费者在美的体验中，留下深刻印象。

三、借势营销

借势营销就是将销售的目的隐藏于营销活动之中，将产品的推广融入一个消费者喜闻乐见的环境里，使消费者在这个环境中了解产品并接受产品的营销手段。

换言之，便是通过顺势、造势、借势等方式，以求提高企业或产品的知名度、美誉度，树立良好的品牌形象，并最终促成产品或服务销售的营销策略。

（一）借势营销的特征

1.减少触达用户的沟通成本

现如今，不管是新兴品牌还是老品牌，都想要得到年轻消费者的青睐。而品牌与年轻消费者熟知的热点联合，不仅能激发消费者的兴趣点，而且能够借助热点的熟悉感减少消费者对品牌的陌生感和抵触感，进一步减少沟通成本。

2.降低品牌营销的风险

在今天的社交媒体，品牌营销稍有不慎就会引发一连串的吐槽。这对品牌来说，不只是金钱上的损失，更是对品牌美誉度产生不可挽回的影响。

相比较其他营销方式，借势营销承接热点，只要品牌把控好营销价值观和理念，一经推出，很容易引发用户共鸣心理，承担的风险相对来说可以忽略不计。

3.刷新大众对品牌的认知

借势营销不仅能够给品牌带来极大的声势，如果找准发力点进行创意，提出吸引大众眼球的话题，还能改变大众对品牌的固有认知。尤其是对老品牌来说，发挥自身优势，结合市场舆情打造年轻化营销，更是深化了品牌的年轻化体验。

（二）体验营销的做法

1.热点借势

借势热点这个是最常见的，即以“热点”自带的话题属性、流量属性，让其成为交通工具，载着你的品牌/产品，以恰当的速度辐射到你想要的区域。2022年2月6日女足亚洲杯决赛，“天生要强”的女足姑娘们惊天逆转，最终以3∶2夺冠，时隔十六年重回亚洲之巅。作为中国女足的官方合作伙伴，蒙牛集团当天率先宣布，拿出千万奖金奖励中国女足。蒙牛也是中国女足在亚洲杯夺冠后，首个官宣给予重金奖励的企业（如图6-16所示）。借助这个热点，蒙牛也增强了民众对产品和品牌的认知，也使得品牌和产品陆续、渐进式地走向国际市场。

图6-16　蒙牛微博宣传

☞拓展案例6-15

小红书×巴黎奥运会

从2024年5月开始，小红书就提前为巴黎奥运会造势宣传，发布奥运季的三大系列子IP——大家运动会、巴黎生活节和一起看奥运。

7月，小红书又借刘翔入驻小红书和姆巴佩的合体TVC，顺势来了一波怀旧“回忆杀”。而巴黎奥运会期间，左手继续借奥运冠军入驻，吸引流量，右手则和央视联动，借央视自制节目《大红车巴黎不停播》，继续深化自己的品牌形象。

2.节日借势

每逢佳节，各大品牌就会使出浑身解数借势提高热度。传统常见的节日营销节点包括元旦、春节、清明、端午、中秋和国庆等，但是随着互联网的发展，新的一批节日营销节点也逐渐站稳脚跟，如七夕节、520等。

2016年农历猴年，百事延续“把乐带回家”活动主题，携手六小龄童推出了《把乐带回家之猴王世家》的情怀广告，同时上架了“乐猴王纪念罐”。中国人对传统猴王精神的强烈认同感使广告得到“病毒式”传播、纪念罐也屡屡脱销，消费者对百事的品牌好感度也大大提升。

3.话题借势

如今社交媒体盛行，一个有趣的话题能迅速形成热点，演变成燎原之势。在大众讨论话题的同时，品牌也借机助力营销，快速赢得消费者对品牌的关注。

例如，“秋天的第一杯奶茶”话题突然爆火后，奈雪品牌趁着热度迅速抓住“引爆点”，让受众对话题的注意力转移到品牌之上，间接促使了销量高效转化，也能很好延续“梗”的生命力。

4.影视借势

随着电影、电视剧、综艺热度的不断攀升，众多品牌开始乘势捆绑大热IP，激发受众产生情感共鸣再转嫁到品牌之上，进而实现营销声势的有效扩展、品牌的快速曝光。

例如，《我和我的家乡》全国热映后，迅速成为国庆档票房冠军。伊利推出限量版“会说家乡话的牛奶”，把电影里浓浓乡情成功转移到产品上。鲜面传也以“家乡的味道”为切入点，还原家乡的味道，将地方特色、家乡味道呈现给所有人，以一面解乡愁，成功地推出了新产品。

5.行业借势

很多行业都有自己各种类型的热点话题，只是关注度和参与量不同。其实，“双11”“618”都算电商行业的热点，为何各大电商都要参与？就是因为只有形成了“势”才会有“市”。

例如，2013年“618”时，京东用一个“别闹”海报激发各大电商，苏宁、亚马逊、易迅、当当、天猫在线借势营销，一场电商“大战”就这样引爆，但是如此热闹的“618”，让更多用户在欢乐中关注了，各家电商均有收益，其乐融融。

6.对手借势

竞争对手的“相爱相杀”大家屡见不鲜，其实通过幽默互怼、矛盾对抗等方式，与竞争品牌一来一往，在展现自己的品牌价值的同时，也争夺了受众的注意力。

比较出名的就是百事可乐与可口可乐的“相爱相杀”广告（如图6-17所示），另外如茶颜悦色与喜茶的“错付佳话”联名，将微博话题#喜茶与茶颜悦色联名了#推上了热搜。

图6-17　可乐“对手借势”

借势营销相当于乘风破浪，诸葛亮借东风智胜周瑜，但这个东风是顺风还是逆风，就要看品牌在借势时能不能把握好度了。

首先，要考虑与品牌关联点契合。借势固然重要，但更重要的还是在品牌自身找到突破口。借势营销一定要找到自家品牌与热点事件的关联点，不能脱离品牌的核心价值，这是借势营销取得成功的关键。其次，借势不要“自嗨”。移动互联网时代，信息十分繁杂，品牌想要借势营销捕捉用户的注意力，在传播上也需要下功夫，要激发受众兴趣，与受众产生良好互动。最后，借势要把握尺度。借势营销讲究创意，但也要把握尺度和主流价值观。营销的背后反映的是品牌态度，如果不能让人看到积极正向的力量，如果让用户产生品牌针对特殊群体的感觉甚至违背社会道德，就会起到适得其反的效果，让品牌陷入社会舆论，影响自身形象。

微课 6-3

品牌借势推广的方法

☞拓展案例6-16

2020年4月8日0时，“封城”76天的武汉全面开放离汉离鄂通道，这宣告武汉人民携手全国医疗救援队成功控制了疫情蔓延、稳住了局面。武汉市民经历数月的恐慌与奋战、经历了亲人别离的无奈与痛苦，终于，“武汉，迎来这一天”。

点亮武汉的gif海报，用黄鹤楼由黑暗到光明的视觉呈现，配上一句简单的“武汉，好久不见”，深深触动了武汉市民和全国人民的内心，传递一种悲伤、信心和希望的复杂感受。

欧普照明“用光创造价值，用光点亮生活”的品牌使命和理念，也通过一张张感人肺腑的gif海报得到了完美的诠释和体现。

【项目总结】

品牌的发展离不开传播，即使是“好酒”，不加以推广，也只能淹没在巷子中。推广的方式趋向多样化，包装、广告、公关等推广方式仍是品牌传播的常见手段。在互联网时代，口碑、体验、借势等推广方式，能有效增强互动，提升品牌形象。企业应根据发展阶段，综合选用多种推广方式，实现1+1>2的效果。

【品牌传播实训】

【训练目标】

提升学生品牌传播文案撰写能力。

【任务要求】

（1）团队合作，每组有一个负责人。

（2）选择企业，学生可任意选择某一食品企业。

（3）品牌传播分析，围绕品牌传播方式确定品牌传播内容。

（4）交流汇报，展示小组成果。

【任务呈现】

以小组为单位提交Word/PPT作品，作品应涵盖以下几方面内容：传播的方式及对应的文案。

【任务评价】

评价指标	评价标准	分值	评估成绩	权重
品牌传播训练	1.准确确定传播应采用的方式	20		70%
	2.准确撰写推广文案	40		
	3.团队分工合理	10		
	4.按时完成	10		
	5.汇报得当	20		
教学过程	出勤、态度和热情	100		30%
小组综合得分				

【自我检测】

自我检测答案

1.单项选择题

（1）广告主，即广告者，包含发布广告的（　　）。

A.企业和团体　　　　B.企业和个人

C.团体和个人　　D.企业、团体和个人

(2)"怕上火，喝王老吉"，属于(　　)类型的广告。

A.功能型　　B.态度型

C.体验型　　D.嫁接型

(3)做广告时，企业(　　)，要根据不同的市场时期，对广告的制作和发布采用不同的策略应对。

A.要做市场研究　　B.要把握住时机

C.要连续进行　　D.要把握性价比

(4)体验式诱导营销与传统营销的区别在于(　　)。

A.互动　　B.感官

C.产品　　D.顾客

(5)下列企业营销活动中不可以采用借势营销的是(　　)。

A.商场开业活动　　B.市场调研

C.新产品发布活动　　D.楼盘销售活动

2.多项选择题

(1)下列选项中属于产品包装基本要素的有(　　)。

A.文字要素　　B.图案要素

C.造型要素　　D.绿色标志

(2)在通过广告进行品牌传播时，要注意的是(　　)。

A.围绕品牌力进行广告创作

B.广告对品牌性格的投资应持之以恒

C.成功的广告定位是提高品牌力的利器

D.广告品牌性格的投资越贵越好

(3)FAB法是指(　　)。

A.特性　　B.重点　　C.利益

D.需求　　E.优点

(4)借势的手段有(　　)。

A.话题借势　　B.节日借势　　C.影视借势

D.热点借势　　E.对手借势

(5)(　　)，做好口碑营销传播。

A.创造鲜明、好理解的特点　　B.抓住意见领袖

C.创造激发传播的场景和事件　　D.激励传播受众转化

E.积极制造社会热点事件

3.判断题

(1)互惠原则是公共关系的核心问题。　　(　　)

（2）统一符号、统一形象的包装设计在商品销售过程中起着强化记忆的作用。（　　）

（3）巧用免费模式能吸引消费者参与互动。（　　）

（4）品牌包装不是一种传播媒介。（　　）

（5）口碑传播中，消费者通常更信任自己的朋友、家人等。（　　）

项目七　品牌危机应对

☞思维导图

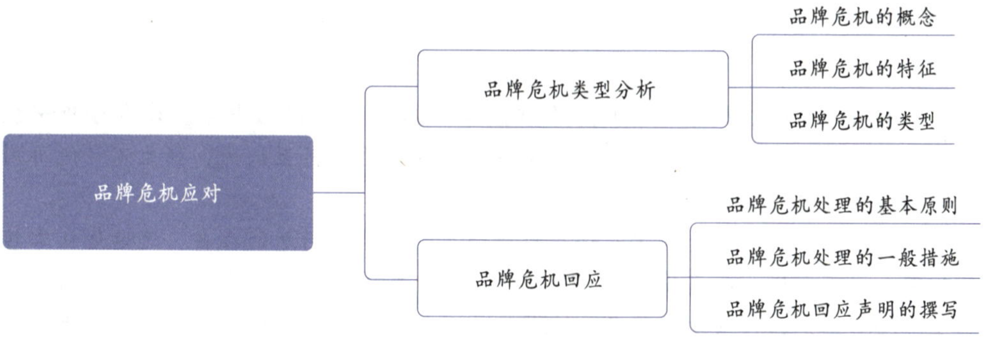

☞学习目标

□ 知识目标：

1.了解品牌危机的特征、类型；

2.了解处理品牌危机的原则；

3.掌握应对品牌危机的步骤。

□ 能力目标：

能针对品牌危机撰写回应声明。

□ 素养目标：

1.培养学生危机意识；

2.培养学生的批判性思维。

□ 任务分解：

任务一：品牌危机类型分析

任务二：品牌危机回应

美国洛克希德·马丁公司前任CEO奥古斯丁说："每一次危机的本身，既包含着导致失败的根源，也孕育着成功的种子。"英特尔公司前总裁兼CEO葛洛夫说："优秀的企业安度危机，平庸的企业在危机中消亡，只有伟大的企业在危机中发展自己。"因此，如果企业能正确应对品牌危机，不仅可以实现转危为安，甚至可以创造新的辉煌。

引导案例

胖东来的8页顾客员工争执调查报告

任务一 品牌危机类型分析

☞导入案例

泰诺危机公关

1982年，7位芝加哥人服用了泰诺胶囊之后死于氰化物中毒。许多分析家预测，泰诺不可能重新获得之前的市场份额。有些评论员甚至认为，强生不可能再用泰诺的品牌经销任何产品了。

但强生近乎完美地处理了泰诺危机。强生没有否认问题的存在，迅速地从零售商货架上撤下泰诺。公司发言人在电视上提醒消费者不能服用泰诺胶囊。公司还制作了一档验证产品被篡改的节目，为其他公司提供了借鉴。强生免费为消费者替换了他们在芝加哥悲剧发生之后丢弃的产品。在这项活动后，泰诺迅速地重新获得了市场份额。

一、品牌危机的概念

品牌危机，是指由于组织内外部突发原因造成的、始料不及的对品牌形象的损害和品牌价值的降低，以及由此导致的使组织陷入困难和危险的状态。品牌危机的形式多种多样，主要有经营危机、形象危机、信誉危机、文化危机、质量危机、服务危机等。这些危机经过新闻舆论发酵，会迅速蔓延，无疑将影响企业品牌在社会公众中的形象，处理不好就可能导致后果严重的品牌危机。品牌危机带来的危害是巨大的，它可以使一个品牌一夜之间由人见人爱变成人人喊打，也可以使一个百年品牌瞬间土崩瓦解。因此，公司必须正视负面的新闻报道，而不能否认或者回避。对负面的新闻舆论做出迅速积极的反应是非常重要的，可以降低造成的损害，包括公众对公司信心的丧失，销售额和利润的重大损失等。

二、品牌危机的特征

（一）突发性

突发性是品牌危机的首要特征。品牌危机的发生都是突然的，是难以预测的，发生之前，虽然有时可以预见其发生的可能性，但通常无法确定其一定会发生，更无法确定其发生的具体时间、形式、强度和规模等。

（二）危害性

由于品牌的脆弱性，危机一旦发生，就会对品牌形象造成巨大的破坏，并引发品牌价值的降低所带来的多方面损失，使组织陷入困难窘迫的境地，严重时可以使一个品牌灭亡。

（三）冲击性

来势凶猛，发展迅速，往往呈排山倒海之势。不论是不期而至的天灾，还是长期酝酿一朝爆发的人祸，其来势之猛，发展之快，涉及面之广，影响之深，往往会使品牌感到无法招架、无能为力。

（四）关注性

品牌危机爆发时，品牌原来的知名度必然引起广泛的舆论关注，媒体的大肆报道，会直接影响舆论走向，从而影响到品牌的存亡。

（五）机遇性

品牌危机的机遇性是指尽管有些危机事件难以完全避免，但危机之中也孕育着机遇。如能有效发现、培养潜在的成功机遇，或许会使企业转危为安，获得新生。

【拓展阅读7-1】

在新媒体时代，品牌危机不断升级，危机公关也随之出现了新的变化。我们用新闻的“5W1H”来说明传统媒体时代和新媒体时代的危机公关的特点与区别，见表7-1。

表7-1　传统媒体时代与新媒体时代危机公关的特点与区别

5W1H	传统媒体时代	新媒体时代
攻击源（Who）	明确的攻击源	攻击源不明
危机内容（What）	负面报道、重大事故，事出有因	负面报道、重大事故、社交媒体议论，事件可能子虚乌有
传播方式（Where）	直接传播、易于追踪	旋涡传播，难以把握
持续时间（When）	迅速解决或长期发展	迅速聚集，迅速消散
危机原因（Why）	内部管理、市场环境	内部管理、市场环境、恶意攻击
应对方式（How）	正式声明、新闻发布会、媒体沟通	直接加入“混战”、媒体防护矩阵

资料来源　李国威.品牌公关实战手册［M］.北京：中信出版集团，2022.

三、品牌危机的类型

企业所处的经营领域不同，面对的危机事件的性质也会产生差异。无论是哪种类型的品牌，都要提前做好应对危机的准备，要明确自己有较大概率会遇到的是巨大的石块还是湍急的河流，这样才能对解决方案进行合理有效的规划，常见的品牌危机类型包括以下四种：内部危机、信誉危机、灾难危机和法律危机。

（一）内部危机

内部危机所涵盖的内容比较多样化，通用性也比较强，许多处于不同领域的企业也常会遇到，其危机程度要视情况而定。企业内部员工如果做出一些有损企业形象的事，特别是涉及违规违法的事情，一旦曝光，企业就不能再完全将其当作内部事情进行处理，而是要给关注这件事的社会大众一个合法的交代。

（二）信誉危机

信誉危机也是企业常会面临的突发事件类型之一，有时虽然会以突然爆发的形态出现，但实际上与企业自身的监管力度不够这一原因有关。食品类、金融类等企业更容易触发信誉危机。在处理信誉危机的时候，有三个关键点：第一，必须放低品牌姿态；第二，必须实事求是地将事件背景交代清楚；第三，一定要在发言时突出群众的利益，要将其放在首位。

（三）灾难危机

灾难危机在大多数情况下可以被划分到重大危机的范围内，且大部分情况并不能人为控制，比如以养殖、种植为主营业务的品牌，水旱灾害、地震等都会对其正常的经营状态造成严重影响。灾害危机的处理涵盖以下基本要素：要正视灾害，用理性、客观的语言去叙述事件；阐明灾害使品牌造成的损失，要实事求是；避免让公关文稿大量被“卖惨”内容占据，这只会使原本抱有同情心的用户印象分下降。

（四）法律危机

法律危机涵盖的内容有很多，比较常见的包括与员工产生的劳动纠纷或因竞业协议被乙方违背而产生的法律矛盾，这些虽然不严重，但如果公关效果不好，也会使品牌形象受到损害。还有一种情况比较严重，就是企业涉及偷税漏税、接受他人贿赂等问题，这种情况下的公关就一定要以致歉为主，要勇于承认自己的错误并且明确表示接受惩罚的态度。

微课 7-1

品牌危机类型

事实上，虽然危机的类型比较固定，但当企业真正遇到危机事件时，在迅速调动提前设置的解决方案时，也不要忘记灵活地审视、应对局势，而不能完全借助模板的力量。

任务二　品牌危机回应

☞导入案例

惠普公司：一个失误，向消费者道歉并赔付3倍补偿

2022年，惠普在China Joy展会上发布暗夜精灵3代Plus游戏本时，宣传其采用“5根散热管”设计，且官方微博及商品详情页均明确标识该配置，但首批消费者收货后发现实际仅为3根散热管，引发信任危机。危机发生后，惠普电脑官微迅速发布声明，针对8月1日至3日期间在中国大陆购买该产品的消费者，提供两种补偿方案：继续使用产品可获实际支付价格3倍的人民币补偿及额外价值500元的补偿；选择退货则全额退款并叠加3倍补偿。这一“高额赔偿+真诚回应”的策略获得消费者认可，有效修复了品牌信任。

资料来源　佚名.品牌公关危机的经典案例［EB/OL］.［2022-07-25］. https：//baijiahao.baidu.com/s？id=1739325099557770501.有删减。

一、品牌危机处理的基本原则

（一）主动性原则

品牌危机发生后，品牌危机管理人员要正视危机，积极主动地采取措施，不断监测情况的发展与变化，并根据其变化情况迅速调整品牌危机管理计划，调配人员、物力及设备，尽可能在极短的时间内控制局势的发展。不应回避或被动性应付品牌危机，更不应在品牌危机发生后，先急于追究责任，或者向公众辩解自身行为。这样只会导致企业内部人心涣散，公众尤其是受害者对企业行为更为不齿，使得品牌危机一发不可收拾。

（二）及时性原则

品牌危机处理与善后管理的目的在于，尽最大努力控制事态的恶化和蔓延，把因品牌危机产生的有形损失和无形损失减少到最低程度，并在最短的时间内重塑或挽回企业的良好形象和声誉，重新恢复公众对企业的信任。因而，品牌危机一旦发生，第一时间做出迅速恰当的反应是防止危机事件继续恶变的“第一法宝”。企业应立即启用品牌危机处理计划，调动包括品牌危机管理人员在内的所有员工投入到紧张的品牌危机处理与善后工作中。在品牌危机的处理与善后过程中，赢得时间就等于赢得了企业的盛名，赢得了企业的形象和公众的信任。

（三）诚意性原则

在企业的经营管理活动中，公众利益是其最高利益所在。企业在品牌危机管理

过程中，应坚持诚意性原则，始终将公众利益置于首位。品牌危机发生后，企业应首先从公众的角度来考虑问题，及时并真诚地向受害者表示歉意，必要时通过有影响力的媒体向公众道歉，以缓和企业与公众的矛盾，获取公众和舆论的广泛理解与同情，并在一定程度上化解品牌危机，为企业重新获取公众信任、恢复和提升品牌知名度与美誉度的机遇。

（四）真实性原则

品牌危机爆发后，企业应主动向公众说明事实真相，尤其在与媒体沟通时，不仅应及时传递品牌危机发展与品牌危机处理的有关信息，还应注意信息的客观性与准确性，不刻意忽略或隐瞒有关事实，以免误导公众、使公众与媒体的疑惑和恐惧增加而对企业产生不信任感、延长品牌危机的影响时间。

（五）全面性原则

品牌危机对企业的影响是全面的、全方位的。首先，品牌危机不仅涉及企业的员工，还影响了外部公众和外部营销环境。其次，品牌危机给企业造成了有形的价值损失和无形的形象损失。最后，品牌危机不仅阻碍了企业目标的实现，还影响了企业的可持续发展。因而，在处理品牌危机和善后时，企业应把握全面性原则，注意处理方式与善后措施的全面性，兼顾各方利益，在处理品牌危机的同时，尽力维持企业的生产和经营，以使企业短期目标与长期目标均不受到较大影响。

（六）协同性原则

品牌危机管理关系到企业价值链的各环节、各部门。只有统一指挥、有序进行、分工负责、协同合作，才能使企业对外解释与宣传统一，处理与善后行动步骤一致。任何无序的行为只会造成更大的混乱，使品牌危机局势恶化。

二、品牌危机处理的一般措施

当品牌遭遇危机时，一般而言，企业可采取以下一些处理措施：

（一）立即成立危机处理小组

企业在遇到危机时决不能听之任之，应该立即组织有关人员，尤其是专家参与成立危机处理小组，调查情况，对危机的影响作出评估，制订相应计划，控制事态的发展。

危机处理小组的任务包括：对危机事件进行全面调查，为企业采取进一步行动提供支持；组织对外信息的传播工作，及时向相关利益人通报信息；对危机事件采取必要的处理措施；与受害人进行前期接触等。

（二）迅速实施适当的危机处理策略

根据危机的性质和发展趋势，企业应秉承对消费者负责的态度，主动承担责任和损失，迅速采取相关处理措施，如停止产品销售、回收产品、关闭有关工厂等。

（三）做好危机沟通工作

危机沟通尤为重要，如果沟通不当，就会引起公众的进一步猜疑，并导致更片面的报道，这无异于雪上加霜。企业做好危机沟通，要注意以下三方面：

1.明确沟通的对象

企业一定要搞清楚危机传播的对象，开展有针对性、高效率的传播，使传播效应发挥到最大。通常沟通对象包括受害者、新闻媒体、内部员工和社会公众等。

2.准确选择沟通的时机

危机沟通的原则应该是迅速而准确。危机发生后，企业要很快作出自己的判断，给危机事件定性，确定企业危机沟通的原则、立场、方案与程序。

3.传播渠道的选择

危机信息的传播渠道不外乎广播电视、报纸杂志、互联网等，企业应注意及时、有针对性地利用这些传播渠道，使危机信息传播的负面效应降到最低。

（四）坦陈危机真相

面对品牌危机，企业要正视问题，通过新闻媒体公布真相。如果是自己的责任，则应当勇于向社会承认；如果是别人故意陷害，则应通过各种手段使真相大白，最主要的是要随时向新闻界说明事态的发展并就无事实根据的“小道消息”及流言蜚语作出澄清。在进行危机处理时，企业最好邀请公证机构或权威人士辅助调查，以赢得公众的信任。例如，针对“标准门”事件，农夫山泉通过新闻发布会和官方媒体迅速辟谣，明确指出其瓶身上标注的Q/NFS00018-2021是企业标准，而非被误解的“低于国家标准”。面对不实指控和舆论压力，农夫山泉迅速回应，通过透明化沟通、权威数据发布以及第三方机构检测等多种方式，有效澄清了事实真相，维护了品牌声誉。

三、品牌危机回应声明的撰写

危机回应声明直接关乎企业的未来发展，稍有差池，可能就会被公众质疑，公众对企业的信任度下降，甚至引发更大的危机，对企业的品牌形象、市场份额乃至生存能力造成严重的损害。因此，企业在面对危机时，制定并执行一份恰当、及时、透明的危机回应声明至关重要。

危机回应声明中的四大主要元素：

（一）事实

在危机回应声明的开篇，企业应首先明确提及当前所关注的具体事件或媒体报道，确保信息的准确性。通过客观陈述事实，展现企业对此次事件的关注与重视。例如：“我们已注意到近期关于我司××产品的媒体报道，对此我们深感重视，并立即启动了内部核查机制。”这样的表述不仅确认了企业对事件的关注和重视，也为企业后续的行动作出了铺垫。

（二）态度

在声明中，企业应明确表达对此类事件（特别是涉及产品安全、公众利益等敏感问题）的高度重视与深切关怀。通过强调企业的价值观和社会责任，增强公众的信任感。例如："我们深知产品安全与公众利益的重要性，对于任何可能影响消费者权益的问题，我们都将采取零容忍的态度。我们将全力以赴，确保问题得到妥善解决。"

（三）原因

在说明原因时，企业应强调正在进行的全面、公正的调查过程，而非急于下结论或推卸责任。同时，企业应保持开放和透明的态度，邀请公众、媒体及第三方机构监督。对于不实报道，企业可以表达遗憾并强调将依法维护自身权益，但应避免使用攻击性语言，以免加剧矛盾。例如："目前，我们已组织专业团队对报道中提及的问题进行深入调查，力求还原事实真相。我们承诺，一旦调查结果出来，将第一时间向公众公布。同时，我们也注意到部分报道可能存在不实之处，我们将保留通过法律途径维护企业名誉的权利，但我们的首要任务是解决问题，而非指责他人。"

（四）措施

在措施部分，企业应详细说明已采取或即将采取的补救措施，以展示企业的行动力和解决问题的能力。对于恶意攻击，企业可以表明维护自身合法权益的决心，但应强调这并非主要关注点，重点在于实质性解决问题。例如："针对此次事件，我们已立即停止相关产品的生产和销售，并启动了召回程序。同时，我们正加强与相关监管部门的沟通合作，共同推动问题的解决。对于恶意诽谤和造谣者，我们已委托专业律师团队准备法律文件，必要时将采取法律手段维护企业合法权益。但请公众相信，我们的核心目标是确保消费者的权益不受损害，恢复公众对我们的信任。"

☞拓展案例7-1

宝马冰淇淋事件的两次公关声明

首先，就公关危机应对而言，时间就是一切。这件事情发生在2023年4月19日下午，4月20日上午开始为公众所关注，20日中午宝马发布声明，将此事定性为"误会"。在这份声明中，宝马强调了三点：第一，冰淇淋是人人有份的。第二，是我们内部管理不细致、工作人员失职。第三，检讨自己改善管理，加强内部培训。这从第一个"事实"要素而言，并没有对那天的事情予以正面陈述，没有将事情原委讲清楚，更是对网友关注的"区别对待问题"只字未提。

其次，从态度来说，仅把问题归结为工作人员失职，简短不足120字的回复被网友戏称认错态度不够诚恳、整改措施不到位，被称为"史诗级的拉胯公关"。总体来说，就是态度的“诚意不够”。

为了表达诚意，4月21日早上9点，MINI中国官方微博针对车展冰淇淋事件再次发文致歉，称视频里看到的4~5个“老外”就是同事，他们佩戴了员工胸牌。但是从原因分析来说，前后矛盾，难以让公众信服，第二次道歉声明把责任完全推到两个“礼仪”小姐姐身上，表面上好像是维护自己的员工，实际上是变相甩锅！

最后，从措施来说，两次道歉声明中并没有提出具体可操作的整改措施，仅提出了改善管理、加强内部培训的整改措施，甚至在第二次声明中还使用了类似于反问句的句式。

其实任何公关回应的目的，都不是一味地道歉，更多的时候也有澄清事实真相的作用。整体来讲，好的危机回应声明应该更加诚恳地平息事态并进行解释，这样才是相对客观和公允的解决办法。

微课 7-2

品牌危机回应声明的撰写

【项目总结】

在品牌发展的过程中，难免会有一些突发的、难以预料的事情发生。面对品牌危机，企业应快速识别危机类型，在第一时间积极应对，充分运用新闻媒体，坦陈危机事实，用行动化危机为机遇。

【品牌危机回应声明实训】

【训练目标】

提升品牌危机回应声明的撰写能力。

【任务要求】

（1）团队合作，每组有一个负责人。

（2）选择案例，学生可结合当年的315曝光企业，任选一企业案例。

（3）品牌危机回应声明撰写，围绕企业发生的危机撰写回应声明。

（4）交流汇报，展示小组成果。

【任务呈现】

以小组为单位提交Word/PPT作品，作品应涵盖以下几方面内容：危机的类型及对应的危机回应声明。

【任务评价】

评价指标	评价标准	分值	评估成绩	权重
品牌危机回应声明撰写	1.准确确定危机处理小组职责	20		70%
	2.准确围绕四大元素撰写回应声明	40		
	3.团队成员分工合理	10		
	4.按时完成	10		
	5.汇报得当	20		
教学过程	出勤、态度和热情	100		30%
小组综合得分				

【自我检测】

自我检测答案

1.单项选择题

（1）品牌危机突出表现在（　　）。

A.销售人员流失

B.营业收入大幅减少

C.品牌与消费者关系恶化，品牌联想发生变化

D.市场销售额大幅减少

（2）为有效控制事态，品牌想要积极面对媒体和当事人，属于品牌危机处理的（　　）。

A.主动性原则　　B.统一原则

C.真诚坦率原则　　D.快速反应原则

（3）品牌需要必要的公关活动，但不包括（　　）。

A.政府和权威机关公关

B.企业员工、消费者、渠道和公众公关

C.媒体公关

D.受害人即关系人公关

（4）危机处理的组织不包括（　　）。

A.核心领导小组　　B.联络沟通小组

C.救援抢救小组　　D.危机控制小组

（5）由突发事件引起公关危机时，社会组织首先要树立的观点是（　　）。

A.公众利益至上　　B.组织利益至上

C.经济利益至上　　D.员工利益至上

(6) 认真了解受害者的情况，实事求是地承担相应的责任并诚恳地道歉是（　　）。

A.组织内部对策　　B.受害者对策

C.业务往来单位对策　　D.上级主管部门对策

2.多项选择题

(1) 品牌危机包括（　　）。

A.公众形象危机　　B.法律诉讼危机

C.质量安全危机　　D.客户投诉危机

(2) 品牌危机会给企业和品牌带来诸多负面影响，包括（　　）。

A.品牌价值下降　　B.销量下滑

C.法律诉讼　　D.罚款

(3) 品牌危机事件升级的重要标志包括（　　）。

A.媒体的大规模报道

B.事件相关的利益群体形成一个团体

C.权威部门或权威人士对受害方的公开支持

D.场面已经无法控制

(4) 危机事件的特点是（　　）。

A.突发性　　B.协调性　　C.紧迫性

D.不可变性　　E.危害性

(5) 公众的误解所引发的事件，包括（　　）。

A.服务对象公众对组织的误解　　B.内部员工对组织的误解

C.内部领导对组织的误解　　D.传播媒介对组织的误解

E.权威性机构对组织的误解

(6) 品牌危机回应声明撰写的四个要素有（　　）。

A.事实　　B.态度　　C.原因　　D.措施

3.判断题

(1) 在危机处理中，时间至关重要。（　　）

(2) 品牌危机是指企业在经营过程中遭遇的一系列负面事件，这些事件可能会对企业的声誉和品牌形象造成严重影响。（　　）

(3) 品牌危机源自企业生产经营过程中的差错所形成的公众对品牌的不信任。（　　）

(4) 品牌需要开展必要的公关活动，包括与受害人的公关活动。（　　）

(5) 当品牌遭遇危机时，企业应立即成立危机处理小组。（　　）

项目八 品牌策划

☞思维导图

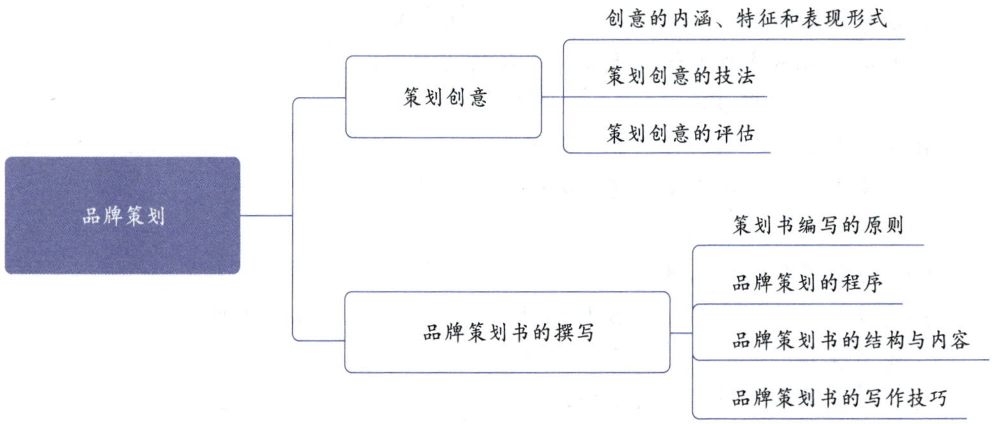

☞学习目标

□ 知识目标：

1.了解策划创意的技法；

2.掌握品牌策划方案的内容和撰写技巧。

□ 能力目标：

具有策划书的撰写能力。

□ 素养目标：

1.培养学生的创新思维、逻辑思维等；

2.培养学生的品牌战略意识。

□ 任务分解：

任务一：策划创意

任务二：品牌策划书的撰写

引导案例

哈啤：冰凉体感双冰合一 魔性式直击年轻人心智

要想实现有效的品牌推广，需要一份精心策划的品牌推广策划书。好的品牌推广策划书，好的创意是关键。创意不能脱离实际，执行力与逻辑性同样重要。一份完整的品牌推广策划书，应从企业实际出发，具有明确的目标，用切实可行的策略实现推广目标。

任务一　策划创意

☞导入案例

2018年5月30日，华帝发布公告，如果法国队在2018年的俄罗斯世界杯中夺冠，华帝将对在2018年6月1日0时至2018年6月30日22时期间购买了“夺冠套餐”的消费者进行退全款的活动。“法国队夺冠，华帝退全款”，让华帝成为世界杯期间的“话题王”。

7月16日凌晨，法国夺冠之后，华帝官方微信第一时间发布消息称，作为官方赞助商，“庆祝法国队夺冠，华帝退全款启动”也拉开帷幕。当天一开市，华帝股份就迎来“开门红”，华帝股份开盘上涨7.19%，报15.65元/股，并在开盘10分钟内一度封板。到9时33分，每股以16.05元的价格实现了9.93%的涨幅。上市公司公告显示，本次营销活动期间的线上线下费用合计将低于7 900万元（线下5 000万元，线上2 900万元）。但对华帝公司总部来说，这次活动办得太值了。以7 900万元拉动10亿元销售额，而总部还只需承担2 900万元，不仅没赔本，还赚足吆喝，打出了品牌知名度。

资料来源　佚名.法国喜提世界杯冠军，华帝退款营销是赔本赚吆喝？[EB/OL].[2018-07-16]. https://baijiahao.baidu.com/s? id=1606150529346236317&wfr=spider&for=pc.有删改。

一、创意的内涵、特征和表现形式

（一）创意的内涵

创意是指具有创造性的主意和构思。它是以一种突破常规的思维方式来对问题进行总体思考，主要体现在以下几方面：旧元素的重新排列和组合；“好的点子”“好的主意”；富有想象力。

（二）创意的特征

1.积极的求异性

策划活动既是一种创意活动，也是一种求异活动，只有建立在积极的求异思维的基础上，才能独树一帜，引起公众广泛的关注和支持。

2.睿智的灵感

灵感是人们接受外界的触动而闪现出的智慧之光，它是人们在平时知识积累的基础上，在特殊情况下受到触动而迸发出来的创造力，灵感是随意迸发的，是不可求的。

3.敏锐的洞察力

敏锐的洞察力是创意者提出构想和成功地解决问题的方案的基础。缺乏洞察力就会遗弃和漏掉大量的创意资源。

4.丰富的想象力

想象力是发展知识的源泉，也是推动创意发展的源泉。想象力包括联想、设想、幻想，它是思维的无拘束的自由驰骋，也是智慧的发散和辐射。想象力只有出奇，才能在“山重水复疑无路”时，“柳暗花明又一村”；只有美妙的想象，才能产生诱惑力和色彩斑斓的世界。

（三）创意的表现形式

1.形象思维与抽象思维

形象思维又称直觉思维，是创意者依据现实生活中的各种现象加以选择、分析、综合，然后进行艺术塑造的思维方式。

抽象思维是用科学的抽象概念揭示事物的本质，表达认识事物的结果。它是人们在认识过程中，借助概念、判断、推理反映现实的过程。

2.顺向思维与逆向思维

顺向思维是指在生活中人们的大脑对外界事物所产生的思维方法。它具有常规性、传统性等特点，是触发创意的基础。

逆向思维是指人们的思维循着事物的结果而逆向追溯事物发生的本源的思维方式。它为创意者标新立异甚至反其道而行开拓了新的思路。

3.垂直思维和水平思维

垂直思维是指人们根据事物本身的发展过程来进行深入的分析和研究，即向上或向下进行垂直思考。

水平思维是指摆脱对某种事物的固有思维模式，从与某一事物相互关联的其他事物中分析比较，另辟蹊径，寻找突破口。

二、策划创意的技法

1.头脑风暴法

头脑风暴法简称BS，是一种群体思维策划法。通过“头脑风暴”这样一种特殊的形式，利用一些特殊的方法，人们突破逻辑思维的层面，使潜意识中那些富有创意的组合流露出来。

2.侧向思维法

所谓侧向思维，就是利用一些与问题无正面联系的信息来寻找解决问题的途径的思维方法。所谓的“迂回”“出其不意”，如围魏救赵，就是侧向思维的典型运用。

3.逆向思维法

所谓逆向思维，就是从正常思考路径的反面去寻求解决问题的途径的一种思维方法。如司马光砸缸，就是反其道而行之。

4.组合思维法

所谓组合思维，就是将不同性质的事物或功能进行搭配与联结以产生创意的一种思维方法。如双层汉堡、折叠自行车等都是不同类型的组合思维的运用。

【拓展阅读8-1】

得到App

“得到”App作为知识付费领域的先行者，拥有自己的一套运营模式。在内容输出方面，得到让用户拥有更好的设计体验感，如对较为复杂的知识，会采用举例子、讲故事的方法，便于用户接受和了解。不仅如此，得到的知识诵读，其声音充满亲和力，能运用一定的表达技巧等。在产品设计方面，得到App页面采取一种直接的表达方式，不包装自己，不推销自己，将知识内容直接呈现给用户，用户在指尖滑动的过程中，便可了解想要获取的知识，这种简单的方式会给用户带来舒适的阅读体验。

5.水平思维法

所谓水平思维，就是允许大脑在不同时间对不同方向的信息保持敏锐，鼓励人们同一时间从同一个角度和侧面进行思考，通常可以采用六顶思考帽模式进行水平思维的训练。

三、策划创意的评估

创意的评估要素包括：

（一）创新性

创新性是指创意有新意、与众不同，且未被尝试过。如果这个创意与之前的完全不同，那么这个创意将更有可能在评估中获得高分。如果一个创意未被尝试过，则可以吸引更多关注，更容易被实现。

（二）实用性

实用性是指创意可以解决实际问题。如果创意可以解决实际问题，且不引发新的问题，那么这个创意将在评估中获得高分。

（三）可行性

可行性是指创意能被低成本地执行。创意需要考虑执行的成本。创意的实现需要资源的投入，如果创意所需投入很少，那么这个创意将在评估中获得高分。

任务二　品牌策划书的撰写

☞导入案例

二十四节气倒计时创意：“这是文化自信，这很中国”

2022年2月4日恰逢中国二十四节气当中的立春。立春为二十四节气之首，“立”有开始之意，“春”代表着温暖和生机。立春预示着寒冬已尽，春回大地，自此万物更新，生机勃勃。立春之日，北京冬奥会开幕，也寓意着各国朋友共同迎接一个新的春天。

在倒计时环节，雨水、惊蛰、春分……二十四节气的中英文名称在长城、天坛等中国壮美山水和人文景观映衬下依次亮相，让人耳目一新。当倒计时来到1时，正好是立春。

倒计时环节还融入古诗词，比如雨水节气的古诗词是“随风潜入夜，润物细无声”，春分节气的古诗词是“春风如贵客，一到便繁华”，清明节气的古诗词是“清明时节雨纷纷”……这样别出心裁的倒计时设计非常唯美，把中国传统文化和现代美学完美结合起来，展现出中华文化的源远流长，使广大网友更加坚定文化自信，在各网络平台收获无数赞誉。

有网友点赞：“真的太有创意，太美了，这是文化自信，这很中国！”有网友感慨：“开幕式倒计时也是在向世界展示我们祖国的大好山河！”有网友憧憬：“四季流转，万物新生，一起向未来！”还有网友惊叹：“中国有24个节气，今天是2月4日，这是第24届冬奥会，我爱我的祖国！”

除了倒计时的创意引来无数点赞，场上引导员的虎头帽以及“雪花中国结”引导牌，“标兵”衣服上的剪纸、年画图案等，也都体现出浓郁的中华文化元素，给网友们留下深刻印象。

一、策划书编写的原则

（一）逻辑思维原则

策划的目的在于解决企业营销中的问题，按照逻辑思维的构思来编写营销策划书，才能形成一个完整的闭环。首先是设定情况、交代策划背景、分析产品市场现状，明确策划目的；其次是具体策划内容的详细阐述；最后是精准施策，找到解决问题的对策。

（二）简洁朴实原则

要注意突出重点，抓住企业营销中所要解决的核心问题，深入分析，提出可行的对策，要体现针对性、时效性、可操作性。

（三）可操作性原则

编写的策划书是要用于指导营销活动的，应指导性设计营销活动中的每个人的工作及各环节关系的处理。因此，策划书要具有较强的可操作性，否则，将毫无意义。

（四）创意新颖原则

要求策划的创意新、内容新、表现手法新，不能光做“复印机”，要给人以耳目一新的感觉。新颖的创意是品牌策划书的核心，但是也要避免一味追求创新却无法落地的情形。

二、品牌策划的程序

品牌策划的程序，如图8-1所示。

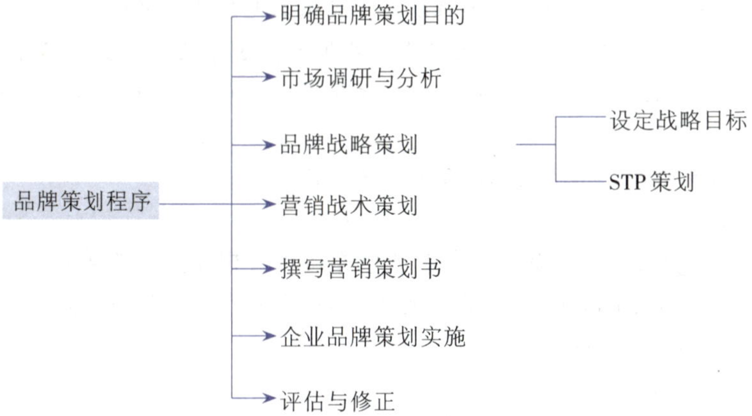

图8-1　品牌策划的程序

（一）明确品牌策划目的

凡事皆有因。企业策划应该有明确动机，如提高销售额、提升品牌知名度等，只有明确策划动机，才能对症下药，提出切实可行的策划方案。

（二）市场调研与分析

1.外部环境分析

外部环境分为三个层次：宏观环境、行业环境和经营环境。其中，宏观环境，通常采用PEST模型，对政治、经济、社会文化及技术环境等进行分析；行业环境，采用迈克尔·波特的“五力”模型，对新的进入者与进入壁垒、替代者、供应商、购买者与行业内竞争者进行分析；经营环境，主要是对供应链、竞争者、消费者等的分析。

2.内部环境分析

内部环境分析主要对企业内部所有对营销活动会产生直接或间接影响的因素——如公司资源优劣势、公司战略、组织结构等——进行分析。

微课 8-1

迈克尔·波特的“五力”模型

（三）品牌战略策划

1.设定战略目标

目标就是策划要实现的期望值。通常有量化目标和质性目标，如销售额提升10%的量化目标或提升品牌知名度的质性目标。

【拓展阅读8-2】

策划目标的SMART法则

Specific——明确的，不要使用太宽泛的字眼，如最好的、最大的。不要用模糊的字眼，如大约、最小值等。

Measureable——可衡量的，不要难以衡量或根本无法衡量的特征、特性。

Act——可操作的，不要把目标设定在企业根本无法影响或改变的因素上。

Realistic——实际的，不要设定一些无法达成的目标或设定目标时没有认真、仔细地思考。

Time——有时限的，不要忘记起始和结束时间。

2.STP策划

STP策划，就是在进行市场调研与分析的基础上，根据企业的实际情况，对企业市场进行细分（Segmenting），确定企业的目标市场（Targeting），为企业或产品确定市场定位（Positioning）。

（四）营销战术策划

营销战术策划是指企业根据已经确定的营销目标和市场定位，对于企业可以采用的各种各样的营销手段进行综合考虑和整体优化，以求达到理想的效果。营销战术包括但是不限于产品策划、价格策划、分销策划以及促销策划等。

（五）撰写营销策划书

营销策划书是表现和传送营销策划内容的载体，一方面，它是企业营销策划活动的主要成果；另一方面，它也是企业进行营销活动的行动计划。

（六）企业品牌策划实施

企业营销策划方案的实施可以分为两个阶段：模拟布局阶段和分工实施阶段。

1.模拟布局阶段

根据已经拟妥的预算表与进度表，模拟出品牌策划方案实施的布局与进度。

2.分工实施阶段

从构思过渡到动手，根据修正的预算表和进度表，严密控制品牌策划方案的预算及进度。实施过程中，要充分协调各部门，做到充分沟通，确保各环节的有效衔接。

（七）评估与修正

企业品牌策划的评估与修正，主要包括项目考评、阶段考评、最终考评和反馈改进等内容。企业品牌策划方案的实施一般是分项目一步一步进行的。因此，每一个项目完成后都要对项目和整个品牌策划方案进行一个回顾，以判断项目的完成情况，及时发现和解决问题。通常在一个标志性的项目完成以后还需要进行阶段考评，防止出现大的偏差。在所有项目结束后，最终要对企业品牌策划方案实施的结果进行分析，看企业品牌策划的期望值与实际结果是否有差异。如果差异显著，一定要进行充分分析、研讨，从中找出经验、问题和教训，并将其有效地反映到下一次品牌策划中。

三、品牌策划书的结构与内容

（一）封面

封面是品牌策划书的“脸面”，会影响读者对品牌策划书的第一印象，因此不能掉以轻心。

好的封面，要与策划内容相匹配，既不要过于奢华，也不能粗制滥造。规范的封面，一般包括以下信息：①策划书的名称；②被策划的客户；③策划机构的名称或策划人的姓名；④策划完成日期及策划执行的时间段；⑤编号。

策划书的标题通常有两种形式：提问式和解说式。所谓提问式标题，指采用的是向阅读者提问的方式，如××产品如何进入××地区市场策划书；所谓解说式标题，则是将所含内容概括出来的一种方式，如××产品进入××地区市场整合营销策略策划书。

（二）目录

目录是策划书各部分标题的清单，能够使阅读者很快了解全书概貌并方便地查找相关内容。

（三）前言

前言是品牌策划书正式内容前的情况说明部分，应简要说明策划的性质、内容，语言应力求简明，一般不超过500字为宜。

（四）摘要

摘要是对企业品牌策划项目所做的一个言简意赅的说明。要说明的是：为谁做的，要解决什么问题，结论是什么。通过阅读摘要，读者可以大致了解策划内容的要点。

（五）正文

正文是品牌策划书中最重要的部分，具体包括以下几个方面。

1.品牌策划的目的

这一部分主要是对品牌策划所要实现的目标进行全面描述，它是营销策划活动的原因和动力。

2.环境分析

这一部分主要是对企业营销的内外部环境进行分析，重点是对企业市场和竞争者的分析。

3.SWOT分析

这一部分通过对企业优劣势和机会、威胁的分析，发现市场机会和企业存在的品牌方面的问题。

4.营销目标和目标市场

确定企业的品牌活动要达到的目标，如销售额（量）指标、市场占有率指标、客户增长率、利润指标等。进行市场细分，明确企业的目标市场。

5.营销组合要素

围绕4P组合，对企业的产品、定价、分销和促销策略进行分析与设计。

6.预算

预算包括营销策划过程中的总费用、阶段费用、项目费用等。

7.进度表

进度表把策划活动全部过程拟成时间表，作为控制与检查的依据。一般可以用甘特图（Gantt Chart）方式完成。

8.人员分配及场地

应说明具体营销策划活动中各个工作人员负责的具体事项及所需物品、场地的落实情况。

9.营销执行与控制方法

根据企业的实际情况，拟定营销活动计划的执行、监督、控制及审计方法。

10.结束语

结束语在整个策划书中可有可无，主要起到与前言呼应的作用，使策划书有一个圆满的结束。

11.附录

微课 8-2

品牌推广策划书

附录的作用在于提供策划客观性的证明。因此，凡是有助于阅读者对策划内容的理解、信任的资料都可以考虑列入附录，如调查问卷的样本、座谈会提纲、统计数据报告等。

四、品牌策划书的写作技巧

（一）寻找理论依据

要提高策划内容的可信度并使阅读者接受，就必须为策划者的观点找到理论依据。但是，不应是理论的堆砌，而是能提高策划的可信度。

（二）适当举例

可以通过正反两个方面的例子来证明自己的观点。正反例子，既能起到调整结构的作用，又能增强说服力，可谓一举两得。

（三）擅用数字

数字可以为观点提供依据与支撑，但是数据一定要确保真实、有效，否则只会适得其反，弄巧成拙。

（四）巧用图表

图表因其直观的效果，不仅有助于帮助阅读者理解策划的内容，而且能提高文本的美观性。

（五）合理排版

细节见功夫。好的策划，排版就是细节。重点突出、层次分明的排版，能给阅读者一种舒适感，能引导大家继续阅读。

（六）避免差错

最终提交的策划书一定要反复检查，避免出现企业名称、专业术语等方面的差错，更不能出现别字。

【项目总结】

通过本项目的学习，学生能掌握策划创意的技法，了解品牌策划书的规范格式。学生能运用策划书的写作技巧，撰写一份规范有效的策划书。其中，品牌策划一定要符合企业实际，要重点关注策划目标的达成度。

【品牌策划实训】

【训练目标】

提升学生品牌策划书的撰写能力。

【任务要求】

（1）团队合作，每组有一个负责人。

（2）选择企业，学生可任意选择某一食品企业。

（3）品牌策划书撰写，围绕品牌推广确定品牌策划内容。

（4）交流汇报，展示小组成果。

【任务呈现】

以小组为单位提交Word/PPT作品，作品应涵盖以下几方面内容：策划的内容及对应的文案。

【任务评价】

评价指标	评价标准	分值	评估成绩	权重
品牌策划方案	1.市场分析的全面性	10		70%
	2.营销策略的合理性	10		
	3.活动方案的有效性	60		
	4.管控要求的合理性	10		
	5.方案的创新性	5		
	6.策划书排版的美观性	5		
教学过程	出勤、态度和热情	100		30%
小组综合得分				

【自我检测】

自我检测答案

1.单项选择题

(1)（　　）是指营销策划必须以最小的投入产生最大的收益。

A.效益性原则　　B.经济性原则

C.系统性原则　　D.可行性原则

(2)（　　）是一种刺激大脑、激发思考能力而且是产生创意的方法。

A.转换创意法　　B.激荡创意法

C.组合创意法　　D.移植创意法

(3) 与企业紧密相连直接影响企业营销能力的各种参与者，被称为（　　）。

A.营销环境　　B.宏观营销环境

C.微观营销环境　　D.营销组合

(4) 消费习惯属于（　　）因素。

A.人口环境　　B.经济环境　　C.文化环境　　D.地理环境

(5)（　　）是品牌策划书中的最主要部分。

A.战略及行动方案　　B.费用预算

C.SWOT分析　　D.营销目标

2.多项选择题

(1) 项目计划书的写作技巧包括（　　）。

A.思路清晰，重点突出　B.针对性强，成果明确
C.形式恰当，有效表达　D.需求明晰，有的放矢
(2) 策划目标的SMART法则包括（　）。
A.Specific　B.Measureable　C.Act
D.Realistic　E.Time
(3) 品牌策划书的写作技巧包括（　）。
A.寻找理论依据　B.适当举例　C.擅用数字
D.巧用图表　E.合理排版
(4) SWOT分析包括（　）。
A.优势分析　B.劣势分析　C.机会分析　D.威胁分析
(5) 波特“五力”模型内容包括（　）。
A.供应商的议价能力　B.购买者的议价能力
C.新进入者的威胁　D.替代品的威胁
E.同业竞争者的竞争程度

3.判断题

(1) 企业的市场营销环境包括宏观环境和微观环境。（　）
(2) 策划书的目标不宜太具体。（　）
(3) 企业可以按自身的要求和意愿随意改变市场营销环境。（　）
(4) 为了突出策划主题或表现策划目的，品牌策划书的标题可加副标题。（　）
(5) 六顶思考帽的使用是六个人同时戴不同的帽子。（　）

参考文献

[1] 孙大刚，等.品牌形象设计［M］. 北京：机械工业出版社，2012.

[2] 常白.品牌管理实战［M］. 北京：机械工业出版社，2012.

[3] 林斯特龙.感官品牌［M］. 赵萌萌，译.北京：中国财政经济出版社，2016.

[4] 程宇宁.品牌策划与管理［M］. 2版.北京：中国人民大学出版社，2014.

[5] 杜琳，刘颖.品牌管理［M］. 北京：清华大学出版社，2019.

[6] 郭伟.品牌管理：战略、方法、工具与执行［M］. 北京：清华大学出版社，2016.

[7] 王海忠.品牌管理［M］. 2版.北京：清华大学出版社，2021.

[8] 陈锋，袁玉玲.品牌管理［M］. 北京：中国人民大学出版社，2019.

[9] 李国威.品牌公关实战手册［M］. 北京：中信出版集团，2018.

[10] 法尔曼 C，法尔曼 K.色彩：看不见的影响力［M］. 刘艺丹，译.杭州：浙江人民出版社，2023.

[11] 德博诺.六顶思考帽［M］. 马睿，译.北京：中信出版社，2016.